AIが人間を殺す日

車、医療、兵器に組み込まれる人工知能

小林雅一
Kobayashi Masakazu

a pilot of wisdom

はじめに

ここ数年で世界的に加熱してきたＡＩ（人工知能）の開発競争が今、次なるフェーズに突入しようとしている。

これまで目立ったＡＩ製品は、たとえば「スマホの音声操作機能」や「お掃除ロボット」、あるいは「会話型スピーカー」など、もっぱらＩＴ・家電製品に搭載されて、その利便性を高めるような「軽い用途の人工知能」だった。

しかし今後、開発が活発化していくのは、もっと「重い用途の人工知能」、つまり人々や社会への影響が、より大きくて深刻なＡＩである。

中でも本書が扱うのは、「自動車」「医療」そして「兵器」に組み込まれる人工知能。いずれもＡＩによる判断が、人間の生死を左右する重大な分野だ。

その先陣を切るのが、車にＡＩを搭載することで実現される「自動運転車」である。

二〇〇九年頃に米グーグルが先鞭《せんべん》をつけた自動運転車の開発は、その後、欧米や日本など各国の主要メーカーも巻き込み、今や次世代自動車ビジネスの本丸と目されている。既に米テスラや日産自動車など、幾つかのメーカーが部分的な自動運転機能を提供するなど、実用化も始まっている。

二〇二〇年以降には、ドライバーの要らない（完全）自動運転車も製品化される見込みだ。この夢のような車は、身体的ハンディキャップや高齢など様々な理由で、これまで車の運転を諦めざるを得なかった人々にまで利用者のすそ野を広げる。さらに乗車時間の有効活用など、社会の生産性を高める面でも大きな期待を集めている。

これに勝るとも劣らないインパクトをもたらすのが、医療分野におけるＡＩの導入だ。既に米ＩＢＭ製の人工知能「ワトソン」が大量の医学論文を検索し、医師が思い付かなかった病名を提示して、患者の命を救うといったケースが報告されている。

また今後は、ＭＲＩやＣＴスキャンなどの断層画像を先端ＡＩであるディープラーニングで解析することで、病気の早期発見や医療費削減などを実現できる。さらに同様の技術によって、様々な病気の予知や予防も可能になると見られている。これらは既に臨床研究の段階にあり、今後数年以内に世界中で実用化されることは間違いない。

そして最後に究極のケースとなるのが、兵器に組み込まれるＡＩである。

たとえば「自ら標的を定めて突っ込んでいくミサイル」、あるいは「上空から地上のテロリストを監視する自律的ドローン（無人機）」など、人工知能を搭載した様々な兵器が世界各国で開発され、実証実験の段階に入っている。特に米国防総省、つまり米軍の場合、ＡＩ兵器は単なる一時的な奇策ではなく、通称「第三の刷新（3rd Offset）」と呼ばれる抜本的な軍事改革の要に位置付けられている。いずれ他の国々も、その後を追うことになるだろう。

以上、三つのケースから見てとれるように、ＡＩは今後、私達の暮らしや社会、さらには国家システムの中枢に入り込み、それらを（良きにつけ、悪しきにつけ）劇的に変える可能性が高い。

であるだけに、もしもＡＩが誤作動や暴走をした場合の被害もまた、計り知れない程に大きい。最悪の場合、それは私達人間の死につながる。

ここで問題になるのは、私達がこの強力なＡＩを果たして制御できるのか、ということだ。結論を先に言うと、どうも、そうではなくなりそうな恐れがあるのだ。

たとえば自動運転車である。既にテスラの提供する（部分的）自動運転機能「オートパイロット」によって、米国で死亡事故が発生しているが、その主な原因はユーザーが自動運転という「一種のＡＩ」の原理や仕組みを理解することなく、その性能を過大評価することによって、運転をＡＩに丸投げしたことにある。

が、考えてみれば中身の仕組みや技術を理解しないまま、私達がそうしたマシン（機械）に命を預けるケースは多々ある。従来の自動車や高速鉄道、あるいはジェット旅客機にしても、（一部の機械マニアのような人達を除けば）圧倒的多数の人々は、これらの内部機構をほとんど知ることなく利用している。

それでも基本的にマシンが社会に受け入れられ、根付いてきたのは、たとえ一般ユーザーは理解できなくても、これらを開発した科学者や技術者、つまり専門家がその原理や仕組みを正確に把握していたからだ。つまり事故や故障など何らかのトラブルが起きたときには、彼ら専門家がそれに対処することによって、長期的にはマシンを人間の制御下に置くことができたのである。

ところが今後、社会の随所に導入されていくであろうＡＩ技術では、その辺りが怪しくなり始めている。つまり私達のような一般ユーザーだけでなく、ＡＩの研究開発に携わる当の科学・技術者さえ、その内部メカニズムや思考回路を把握し切れなくなってきた節が見られるのだ。

一例を挙げよう。

高度医療で世界的に知られる米マウントサイナイ病院は、二〇一五年に（臨床研究の一環として）病気の予測システムを開発した。（前述のディープラーニングをベースに開発されたことから）「ディープ・ペイシェント」と名付けられた、このＡＩシステムは、その開発に関わった医科学者達も驚くほど予測がよく当たった。

ディープ・ペイシェントは、同病院が管理する七万六〇〇〇人余りの電子カルテを読み込むと、そこに記されている身長、体重、血液・尿検査の結果などヘルスケア・データを分析し、これらの人達が各々、いつ頃、どのような病気を発症したかを、ものの見事に言い当てたのだ。

それらの病気は各種の癌《がん》や糖尿病、さらには統合失調症のような精神疾患まで七八種類に及ぶ。ディープ・ペイシェントは他のあらゆる技術方式を遥《はる》かに凌《しの》ぐ高い精度で、これら病気の発症確率を弾き出した。しかし、その並外れた予知能力に感嘆する一方で、科学者達は一抹の不安を拭い去ることができなかった。

このＡＩシステムは、ある人がどんな病気を発症するかを予測できても、その根拠となる理由を決して人には教えてくれないからだ。つまり、内部の思考回路が（専門家も含む）人間には見えないブラックボックスなのである。

これに代表される現代ＡＩは、確かに驚くほど高い精度で正解を弾き出すことができる。が、だからと言って「ブラックボックス化したＡＩ」を無条件で受け入れ、私達の生死に関わる重大な判断を委ねるのは、果たして賢い選択と言えるだろうか？　やはり何らかの形で私達人間が制御に介在すべきではないか？　そうだとしたら、今後、ＡＩと人間はどう関わっていけばいいのか？

これらの点を探っていくのが本書の役目だ。そのために人工知能の基本原理にまで若干踏み込んで解説するが、分かり易《やす》さを心掛けて書いたので、専門的な予備知識がなくてもご理解頂けるはずだ。

本書が警戒域に達したＡＩの実態を過不足なく描き出し、それとの付き合い方を考える際のヒントになれば幸いである。

目次

自律的兵器の登場
従来兵器との決定的な違いとは

第二章　自動運転車の死角

死亡事故の現場検証
公道でのテスト走行が不十分だった
米国政府は消費者保護より産業育成を優先
中途半端な自動運転はドライバーを混乱させる
自動運転車に搭載される各種センサー
自動運転の基本原理
行動計画にはルール・ベースＡＩ
センサー情報を処理するには統計・確率型ＡＩ
ベイズ定理とは何か
周囲の移動体を把握するには
確率的なＡＩの陥穽——ファットテール
テスラ車の事故もファットテールで説明できる

第三章　ロボ・ドクターの誤診 ―― 111

図版制作／クリエイティブメッセンジャー

第一章　ＡＩ脅威論の虚実

一九五〇年代に米国で産声を上げた「ＡＩ（Artificial Intelligence）」が今、史上三度目の世界的ブームを迎えている。巷《ちまた》に溢《あふ》れる類書の中には、ＡＩが近い将来もたらすであろう利便性や生産性の向上など、言わばバラ色の未来を予想するものが目立つ。

しかし一方で、そうした明るい展望とは正反対の、破滅的な世界をＡＩがもたらすと予想する書籍も少なくない。言わば「ＡＩ脅威論」とでも呼ぶべき内容である。

たとえば「進化したＡＩやロボットに私達人間の雇用を奪われる」という見方。元々は二〇一三年に英オックスフォード大学の研究者らが発表した「雇用の未来」と題する論文、あるいは日本の野村総合研究所が二〇一五年に発表した同様の調査結果などを基に、近未来のＡＩやロボットによる大規模な雇用破壊を予言している。いずれも国内外の六〇〇—七〇〇種類にも及ぶ職種を具体的に列挙し、今から一〇—二〇年以内に、これら職種の五〇パーセント近くがコンピュータやロボット、自動運転車などに奪われる、と予想する。

こうしたショッキングな展望と、「雇用」という私達にとって極めて切実なテーマが相まって、世間の関心はひときわ高いようだ。しかし高名な研究者らの仕事にケチをつけるつもりはないが、それら調査結果の中には若干首を傾《かし》げざるを得ない箇所も散見される。

たとえば「理髪師」や「大工」あるいは「ファッション・モデル」などが近い将来消える仕事とあるが、一体何を根拠にそうした予想が導かれたのだろうか。実際のところ、前二者の職種は「(器用な手先の動きなど)繊細な運動能力」や「高度なコミュニケーション能力」などを必要とするため、ロボットで代替することが最も難しいと見られている分野だ。

ファッション・モデルに至っては論外であろう。一体、ロボットの着た服を着たがる人がいるだろうか。

あるいはビルの建設現場や配送センターなどで人間の労働者に代わって作業するヒューマノイド(ヒト型ロボット)にしても、二〇一五年に米国で開催された「DARPAロボティクス・チャレンジ」と呼ばれるロボット競技会において、そうした作業用ヒューマノイドを実現する難しさが改めて認識されたばかりだ。

これらのロボットは将来、実用化されるにしても、それまでの道のりは相当長いと言わざるを得ない。また実現された暁には、それらが私達の雇用を奪うというより、むしろ各種サービス、あるいは建築・流通業界などの人手不足を補うというプラス効果の方が大きいのではないだろうか。

パターン認識の職種が危ない

他方、コンピュータやＡＩの発達によって奪われる職種も確かに存在する。たとえば長期的に値上がりしそうな株などを選んで投資するファンド・マネージャーだ。

総額五兆ドル（五〇〇―六〇〇兆円）を動かす世界最大の資産運用会社、米ブラックロックは二〇一七年三月、全部で五三人のファンド・マネージャーを一七人以下にまで削減する方針を固めた。コストがかからず運用成績も良好なアルゴリズム取引、さらにはＡＩを使った、より効率的なシステムへと乗り換えるためだ（"At BlackRock, Machines Are Rising Over Managers to Pick Stocks" Landon Thomas Jr., *The New York Times*, March 28, 2017より）。

他にも「（タクシー、トラックの）運転手」や「（金融機関における）与信審査員」、あるいは「放射線科医」など、近い将来、ＡＩや自動運転などの普及によって奪われそうな職種は少なくない。

一見、分野も収入もバラバラに見える、これらの職種には実は共通項がある。それは仕事に占める「パターン認識」の割合が大きいことだ。

大方の誇張されたメディア報道とは裏腹に、現在の人工知能が真のブレークスルーを成し遂げたのは「パターン認識」と呼ばれる、ごく限られた分野だけだ。これはコンピュータやロボットが画像や音声を認識したり、いわゆるビッグデータ（大量のデータ）の中から、ある種の規則性（パターン）を見出《みいだ》す技術だ。

このパターン認識において、人工知能は今や人間を抜き去ったと見られている。ということは、ある職種がパターン認識に依存する度合いが高ければ高いほど、それはコンピュータやＡＩに奪われる可能性が高い。前述の職業は、いずれもそれに該当するのである。

たとえばファンド・マネージャーは「ミクロ、マクロの経済指標」や「中央銀行の動向」「市場センチメント」などから値上がりしそうな投資銘柄を選び出す。

与信審査の担当者は「クレジット・カードの返済履歴」や「住宅・自動車ローンの有無」「日頃の消費形態」などから貸し倒れのリスクを予想する。

また放射線科医は「ＭＲＩやＣＴスキャンの断層画像」から悪性腫瘍などを示す怪しげな影を見出す。

これらはいずれも一種のパターン認識である。しかし私達人間が持っている能力はそれだけではない。人は普段、自分の仕事を「単調でつまらない」などと、いくら卑下したところで、そこでは無意識のうちにでも「洞察力」や「観察力」、あるいは「コミュニケーション能力」や「（他者への）共感、配慮」「感受性」などを働かせている。

これら人間固有の能力を、いずれＡＩが持つようになるのか、それは誰にも分からない。が、仮にそうなるとしても、今からまだ何十年、あるいはそれ以上の長い年月が必要と考えられている。

つまりＡＩに雇用を奪われる分野は当面、パターン認識を中心とする特定の分野に限られる。それ以外の職業はＡＩに奪われるというより、むしろ互いに足りない能力を補うような形で、徐々に機械と人間の役割分担が再構成されていく公算が大きい。

二〇四五年問題と火星の人口爆発

一方、これとは異なる、そして一層深刻なＡＩ脅威論も聞かれる。それは、いわゆる「シンギュラリティ（技術的特異点）」、別名「二〇四五年問題」の到来である。これは米国の著名な発明家レイ・カーツワイル氏らが、かなり以前から提唱している未来予想だ。

それによれば二〇四五年頃には、コンピュータ・プロセッサの処理能力（人工知能のベースとなる技術）が人間の知力を上回り、いずれはＡＩが意識や感情までも備えるようになる。そして遠い将来にはＡＩやロボットが人類を支配し、その生存を脅かす恐れすらある、との見方である(元々、カーツワイル氏はそこまで言わなかったが、やがて話に尾ひれがついて、どんどん誇張されていった)。

カーツワイル氏は若干奇矯な人物として知られているため、仮に彼一人がこうした予想を口にするだけなら、それほど真剣に取り上げられなかったかもしれない。が、実際には同氏のみならず、世界的に有名な物理学者のスティーヴン・ホーキング博士や宇宙旅行ビジネスなどを開拓するスケールの大きな起業家イーロン・マスク氏ら、各界の著名人も同様の警告を発している。このためシンギュラリティに代表されるAI脅威論、つまり「超越的な進化を遂げたAIが人類の生存を脅かす」との予想も、非常な関心と危機感を煽《あお》っている。

しかし、この点についても世界的な有名人に異を唱えるのは少々おこがましいが、ホーキング博士やマスク氏らはAIの専門家ではない。つまり人工知能を実現するための具体的技術や、その内部メカニズムについては、それほど詳しいと思えないのである。それなのに、なぜAIが今後、発展していく方向性や、その潜在的な危険性などを占うことができるのだろうか? むしろ彼らはある種の興味本位、あるいはセンセーショナルな予想によって世間の関心を惹《ひ》こうとする動機の方が強いのではなかろうか。

もちろん「シンギュラリティのような事態が今後、絶対に起きない」とまで言い切るつもりはない。遠い将来には、実際、そうした時代が到来するかもしれないが、それには「AIによる雇用破壊」以上に長い時間を要するだろう。これについては、より本格的なAI研究者で、ディープラーニング（詳細は後述）の第一人者としても知られる米スタンフォード大学准教授のアンドリュー・ング（Andrew Ng）氏が次のようなたとえ話で皮肉っている。

「（現代社会に生きる）我々が『AIが人類を破滅させるかもしれない』と心配するのは、火星の人口爆発を今から心配するようなものだ」

つまり遠い将来、宇宙開発が飛躍的に進めば人類は火星に移住するかもしれない。しかし、そうなったとしても火星が人口爆発するまでには、今から何百年もかかるだろう。これと同様、仮に超越的な進化を遂げたAIやロボットが人間に危害を加えたり、人類を支配するようになるとしても、それは恐らく遠い未来の出来事だろうという意味だ。つまりシンギュラリティに代表されるAI脅威論も、今を生きる私達にとっては現実的な問題とは言えないのだ。

Human out of the Loop——制御の環から外される人間

ではＡＩには、本物の脅威は見当たらないのだろうか？　残念ながら、そうとは言えない。実際のところ、ＡＩには前述の「雇用破壊」や「シンギュラリティ」とは別の重大な危険性が存在する。そして、こちらの方が、より現実的で差し迫った「真の脅威」なのだ。

それは「ＡＩ（や、それを搭載した各種マシン）と私達人間の関係性」を規定するもので、専門家の間で「Human out of the Loop（制御の環から人間が除外される）」と呼ばれている問題だ。これは、よりシンプルな表現を使うと「スーパー・オートメーション（超自動化）」とでも呼ぶべき現象である。

以下、歴史的な視点から、この問題を眺めてみよう。

一八世紀英国における「蒸気機関の発明」から始まる近代科学文明の発達史は、一言で言えば「自動化の歴史」と呼んでも過言ではあるまい。この第一次産業革命では「蒸気機関車」など交通・輸送手段が自動化されると同時に、「動力式織機」など製品の製造工程も、ある程度自動化された。

やがて一九世紀における電磁気学の発達を経て、二〇世紀前半には電気モーターを使った「ベルトコンベヤーによる製品組み立てライン」など、オートメーション（自動化）は次の段階へと突入。これが第二次産業革命である。

さらに二〇世紀初頭に誕生した「量子力学（固体中における電子の振る舞いなど、ミクロ世界を解明するための物理学）」を工学に応用することで、二〇世紀後半になると、まずは集積回路（半導体製品）が発明され、これをベースとするエレクトロニクス（電子）産業が開花。その延長線上にコンピュータやＩＴ（情報技術）、あるいは産業用ロボットなどによる「頭脳労働」や「工場の生産工程」の自動化が加速した。これが第三次産業革命である。

そして今、二一世紀初頭に一大ブームを迎えた「ＡＩ」や「ＩｏＴ（Internet of Things：モノにつながるインターネット）」を起爆剤にして、第四次産業革命が巻き起ころうとしている。しかし、これが引き起こすオートメーションは、それまでと本質的に異なる。

すなわち第一次から第三次産業革命におけるオートメーションでは、どれほど交通・輸送手段や工場の自動化が進んだところで、最終的にそれらを制御しているのは人間だった。

たとえば第一次産業革命で生まれた蒸気機関車、あるいは第二次産業革命の象徴である自動車にしても、それぞれ「蒸気機関」や「ガソリン・エンジン」という動力、つまり駆動系のシステムが自動化されたに過ぎない。さらに第三次産業革命の主役として導入された産業用ロボットにしても、あくまで所定箇所の切断や溶接、あるいは複数部品の組み立てなど、あらかじめ工場労働者やエンジニア達（つまり人間）がプログラムした命令に従って、定型作業を遂行するに過ぎなかった。

逆に言えば、これらの乗り物やロボットなど各種マシン（機械）を制御していたのは私達人間だった。つまり各種動力のような「駆動系システム」は自動化されたにしても、マシンを自由自在に操るためのハンドル（ステアリング）など「制御系システム」は、あくまで人間が行うべき領域として確保されていたのだ。

しかし今現在、進みつつある第四次産業革命では、人間にとって最後の砦《とりで》として残されてきた「制御系のシステム」、つまり「マシンをコントロール（制御）する権利」が、ついに私達人類からマシン自体へと委譲されようとしている。

これこそ前述の「スーパー・オートメーション」あるいは「Human out of the Loop（制御の環から人間が外される）」と呼ばれる事態、つまり近代科学文明の発達史における「自動化の最終プロセス」である。この点が、従来との決定的な違いとして特筆されるべき現象なのだ。

このスーパー・オートメーションは過去とは一線を画す快適さや利便性、そして一種SF的な未来社会の到来を私達に約束している。が、その一方でスーパー・オートメーションが万一暴走や誤作動、あるいは制御不能に陥ったときの恐怖や被害もまた、桁違いに大きく破滅的である。

ハンドルもブレーキも無い車の暴走

その先駆けは恐らく、実用化（製品化）が間近に迫った自動運転車であろう。詳細は第二章に回すが、既に現時点でも米テスラの「オートパイロット（Autopilot）」など部分的な自動運転（半自動運転）は実用化されている。これを凌ぐ完全自動運転、あるいはそれに近い機能は、当初の予想ないし目標では二〇二〇年頃を目途《めど》に製品化されると見られていたが、実際にはもう何年か後になりそうだ。

いずれにしても、そう遠い未来の話ではない。これが実用化されれば、その便利さや快適さは想像するに余りある。まず身体的なハンディキャップを背負った人達や、年齢あるいは病気により視力や体力の衰えた人達など、これまでモータリゼーションの恩恵に浴することができなかった多くの人々が、今後は自動運転車で好きなときに好きな場所へと移動できる。

また一般のビジネス・パーソンにとっても、自動運転車で移動中に書類を読んだり、仕事先にメールを送信するなど、車が移動オフィスになる。しかも目的地に着いたら、車は自分で駐車場に向かってくれるのだ。さらに宴会などで酒をたらふく飲んだ後も、誰に気兼ねすることなく自動運転車で帰宅できる。

あるいは車で移動中にみんなでパーティを開いたり、ゲームソフトで遊んだり、ＤＶＤで映画を視聴することもできる。それから、これは業界関係者の間で、ほぼ確信に近い予想をもって語られていることだが、運転は車に任せて、自分達は移りゆく車窓の風景を横目で見ながら性行為に耽《ふけ》るカップルも間違いなく出てくるだろう。とにかく楽しいこと、快適なことなら「何でもあり」である。

が、一方でこの自動運転車が暴走したり、制御不能に陥ったときの恐ろしさは想像を絶する。今から、それを予感させるのは、米グーグル（公式には親会社の「アルファベット」）が二〇一五年にカリフォルニア州でお披露目したテントウムシ型の自動運転車（試作車）である。

この車には当初、ハンドルもブレーキも用意されていなかった。これを見たカリフォルニア州の車両局がグーグルに対し、「これではあまりにも無謀なので、万一に備えてハンドルやブレーキ、アクセルなどを用意せよ」との行政命令を発令したほどだ。

二〇一七年六月、グーグルは（傘下のウェイモ社を通じて）この自社設計の自動運転車による公道試験を打ち切り、今後は提携先のＦＣＡ（フィアット・クライスラー・オートモービルズ：本社ロンドン）が生産した車両を使うと発表したが、人間が運転に関与しない完全自動運転車を目指す姿勢は相変わらずだ。

仮にこんな車が本当に製品化され、それがユーザーを乗せたまま万一、制御不能に陥ったとしよう。たとえば高速道路を移動中の自動運転車が突如暴走し始め、その中にいるユーザー自身は何ら為す術《すべ》もなく衝突事故の瞬間を待つしかないとしたら……。そのときのユーザーの恐怖心はいかばかりであろうか。

自動運転の産業的インパクト

このような潜在的脅威を承知で、なぜグーグルや世界の自動車メーカーは敢《あ》えて自動運転の技術開発に着手したのだろうか？

主な理由の一つとして、それがもたらす非常に大きな産業的インパクトが挙げられるだろう。つまり「自動車」は多くの主要先進国にとって基幹産業であり、これが自動運転への移行によって新たな形に生まれ変われば、そこには膨大な新規需要や雇用創出などの経済効果が期待されるからだ。

これが特に顕著なのは米国だ。二〇一六年一月、米国のオバマ政権は自動車メーカーなど企業による自動運転の研究開発に、今後一〇年間で四〇億ドル（四〇〇〇億—四八〇〇億円）もの開発支援金を拠出する計画を発表した（もちろん二〇一七年一月に発足したトランプ政権がオバマ政権の政策を覆す可能性もあるが、それでも「オバマ・ケア」のような社会保障政策とは異なり、自動運転のような産業振興策はトランプ政権でも支持される公算が高い）。

この支援策を発表した米運輸省長官の傍《そば》には、米ゼネラル・モーターズ（ＧＭ）、フォード・モーターのような主要自動車メーカーやグーグルの幹部らが脇を固め、まさに政府と民間が一体となって自動運転技術を育成していく姿勢を見せつけた。

また州政府や各州選出の連邦議員らも、現在の自動運転ブームを諸手《もろて》を挙げて大歓迎している。たとえばバージニア州では、実に七〇マイル（約一一二キロ）に及ぶ、山有り谷有りの変化に富んだ公道をテスト・コースに指定。ここで自動車メーカー各社が自動運転車の試験走行をしてくれることを望んでいる。

あるいは自動車産業の中心地デトロイトのあるミシガン州では、三三二エーカー（約四万坪）もの巨大な敷地に疑似的な市街地を用意し、ここで自動運転の走行テストができる環境を整えた。いずれも、こうした施策によってGMなど主要メーカーが自動運転の開発拠点や工場などを地元州に建設し、新たな雇用と税収入が生まれるのを期待している。

米国はなぜ、ここまで自動運転に入れ揚げるのか？　それは自動車産業が今、史上空前の転換期にあり、これを上手《うま》く生かせば、米国が再び、この分野で世界をリードできると見ているからだ。

現在、世界の自動車市場で存在感を示しているのはフォルクスワーゲンやダイムラー、BMW、ルノーなど欧州勢、そしてトヨタや（ルノー傘下の）日産、現代《ヒュンダイ》（韓国）など東アジア勢である。彼らの効率的な生産体制と優れた品質、それに裏打ちされたブランド力や販売網の前に、今や米国の自動車メーカーは世界市場で苦戦が続いている。

しかし自動車は今、根本的に生まれ変わろうとしている。まず駆動系システムでは従来のガソリン・エンジンから恐らく電気モーターへと、そして制御系システムでは手動運転から自動運転へと切り替わる。こうなるとドイツや日本のメーカーなどがこれまで蓄積してきた高度技術の多くが御破算になり、ほぼゼロから新たな自動車技術が開発されることになる。

この大きな波に最初から乗ることができれば、米国メーカーは欧州や東アジア勢を押さえて、世界の自動車産業の盟主へと返り咲くことができる。これは米国における製造業全体の勢いを取り戻し、巨大な雇用を国内に創出する引き金になるかもしれない。つまり自動運転は米国にとって、「モノづくり」の復権をかけた千載一遇のチャンスなのである。

一方、逆の立場から見た場合、もしも、こうした米国の思惑が今後、図に当たれば、それは欧州や東アジアの自動車産業に大きなダメージを与える。特に日本への影響は深刻だ。なぜなら、かつて日本のお家芸であったエレクトロニクス産業に往年の勢いはなく、今や自動車産業が頼みの綱と言っても過言ではないからだ。

この分野までもが新たな技術の潮流に乗り遅れて淘汰されてしまえば、それは日本の経済や雇用に壊滅的な被害をもたらすだろう。だからこそトヨタや日産など日本の主要メーカーも、グーグルや欧米メーカーに後れをとるまいと、今、必死に自動運転の研究開発を進めているのだ。

機械はヒトより頼りになるか?

こうした産業的インパクトと並んで、世界の自動車メーカーが自動運転に注力する、もう一つの大きな理由は「安全性の向上」である。つまり「人間よりは（自動車のような）

機械自体に制御を任せる方が事故を減らすことができる」と考えているのだ。

これは、前述の「マシンが制御不能に陥ったときの恐怖」という視点とは対照的だが、それでも確かに一理ある。私達人間は普段、自動車を運転しながら、必ずしも運転に集中しているわけではないからだ。たとえばドライバーが余所見《よそみ》をしたり、何らかの心配事など運転以外の事柄に気を取られてしまう。あるいは居眠り運転をしてしまうケースも珍しくない。

特に最近では、運転中に携帯電話で誰かと話したり、スマホの場合にはアプリで遊んだりするドライバーもいる。あるいは（法律による罰則が強化されても）酒酔い運転をする人もいまだに存在するし、助手席のチャイルド・シートに乗せた赤ちゃんを時々あやしながら運転するドライバーもいる。さらに高齢ドライバーや何らかの病気を患っている人達の中には、運転中に急に発作に襲われたり、意識を失ってしまう人もいる。

これらによるヒューマン・エラー（人為的ミス）こそ、自動車が歩行者をはねたり、他の車と衝突するなど各種事故の主な原因となっている。たとえば米国における調査では、自動車事故全体の約九四パーセントはヒューマン・エラーに起因するという。

であるなら、そのように「事故を引き起こし易い人間」ではなく、いっそ自動車というマシン自体に運転を任せたらどうか。機械なら居眠りや余所見もしないし、酒酔い運転もしない。運転しながらスマホで遊ぶこともないし、病気で意識を失うこともない。このような機械に運転を任せた方が、余程頼りになるし安全ではないか——こうした考え方の下に、自動運転の研究開発が始まったのだ。

が、ここで気になるのは、「機械は本当に人間より頼りになるか」という点だ。つまり私達人間が安心して制御権を委譲できるほど、自動運転車という機械には高い信頼性があるのか。この点が最も重要な問題となってくる。

これを確かめるためには自動運転の仕組み、つまりそれを実現する技術にまで踏み込んで検証する必要がある。そこでは自動車というマシンを制御するＡＩ（人工知能）が主要な役割を果たす。以下、かいつまんで、そのポイントだけを見ていくことにしよう。

三種類のＡＩ

自動車先進国の米国やドイツ、日本、イタリアなどで、大学や主要メーカーを中心に自動運転の研究開発が始まったのは一九六〇—七〇年代とされる。が、自動運転用の試作車に搭載された当時のハードウエアの処理能力の限界などから、初期の研究成果は実用化までは至らなかった。

やがて一九八〇―九〇年代にかけて、米カーネギーメロン大学の金出武雄《かなでたけお》教授らを中心に本格的な自動運転の研究開発が進み、それらが二〇〇四―〇六年にかけて米国防総省のDARPA（国防高等研究計画局）が開催した自動運転車レースなどを経て結実。つまり実用化に近いレベルにまで、自動運転の技術が成熟してきた。

こうしたアカデミックな研究成果を米グーグルがヘッドハンティング（大学研究者らの引き抜き）で吸収し、これをベースに市販車を自動運転用に改造。そして二〇〇九年頃から公道でテスト走行を開始し、その様子を動画サイト「ユーチューブ」などで大々的に宣伝した。

これに刺激された欧米や日本、さらには韓国や中国などの自動車メーカーやIT企業などが、今、改めて自動運転の開発に本腰を入れている。

また、これまで自動運転の研究開発をリードしてきたグーグルは二〇一六年一二月、新たに分社化した「ウェイモ（Waymo）」に自動運転事業を移管して、いよいよ実用化（商用化）への段階に突入した。これが自動運転を取り巻く現状だ。

現在の自動運転車は「六〇年以上に及ぶ世界的なAI研究」の集大成とも言える技術を

搭載している。それらはＡＩ開発史の初期に栄えた「ルール・ベースのＡＩ」、一九九〇年代から盛んになった「統計・確率型のＡＩ」、そして最新鋭の「ニューラルネット」という三種類の技術に大別される。

まず「ルール・ベースのＡＩ」とは、「もし〜ならば、〜をしなさい」といったルールを技術者（人間）が幾つも設定し、これらを（自動運転車のような）機械が理解できるプログラミング言語で記述してから自動車に移植する、というやり方だ。

たとえば「赤信号では停車しなさい」「（日本の場合、車は）左側を通行しなさい」あるいは「交差点で右折する際には、対向車線を直進してくる車を優先しなさい」といったルールを多数用意する。これらのルールを自動車に移植し、自動車がこのルールに従うことで自動運転を（ある程度まで）実現できる。

一方、統計・確率型のＡＩでは、（車のような）機械自体が自らに搭載された各種センサーから取得した外界データを、確率的に処理することにより自動運転を可能にする。この技術は「隠れマルコフ・モデル」と呼ばれる数学理論をベースにしている（もちろん最終的に、そうした高度な数式は「パイソン（Python）」や「C」など各種プログラミング言語で記述されたソフトウエアへと変換される）。

隠れマルコフ・モデルでは、たとえば「車」や「歩行者」など、様々な移動体の位置を直前の状態から推定する。これを各種センサーによる測定作業、そして「ベイズ定理」と呼ばれる確率理論で補強することによって、移動体の現在地をできる限り高い精度で把握する。

これだけの説明では、ちょっと分かり難《にく》いかもしれないが、隠れマルコフ・モデルに基づく自動運転技術は第二章で改めて解説するので、そこを読めば、その仕組みは十分ご理解頂けると思う。

最後にニューラルネットとは、私達人間（あるいは動物）の脳を（極めて限られた範囲ではあるが）参考にして開発された人工知能だ。ニューラルネットの研究自体は一九五〇年代に始まった伝統的な技術だが、実用化に足る技術水準に達したのは二一世紀に入ってからだ。

それは「ディープ・ニューラルネット（DNN）」あるいは「ディープラーニング（Deep Learning：深層学習）」などと呼ばれている。これが得意とするのは画像や音声の認識など、いわゆる「パターン認識」と呼ばれる作業である。この技術も最近の自動運転車に応用されている。

このニューラルネットや（前述の）統計・確率型の人工知能は、エンジニア（人間）が車（機械）にルールを一々教え込むのではなく、むしろ機械自体が各種センサーで測定した外界データを学習して賢くなることから、一般にＡＩの中でも「機械学習」と呼ばれる分野に属する。

以上のＡＩ技術には各々、一長一短があるので、現在の自動運転車では、それらが、いい按排《あんばい》にミックスされた形になっている。

たとえば自動運転車が周囲の移動体を把握するには、センサーで取得した外界データを「統計・確率型のＡＩ（隠れマルコフ・モデル）」で処理して、それら移動体の現在地を割り出す。センサーで測定した外界データには、どうしても誤差が含まれるため、それを処理するには統計・確率的な方式が最も適しているからだ。

一方、この移動体が一体、歩行者（人間）なのか、それとも犬や猫のようなペットなのか、あるいは路上の風に舞うポリ袋なのかなど、より詳細かつ正確に把握するためには、パターン認識を得意とする「ニューラルネット（ディープラーニング）」が使われる。

これに対し、たとえば「赤信号では停車する」といった決まりであれば、車自体が各種センサーを使って機械学習するよりは、むしろエンジニアがルールとして車に教え込む方が手っ取り早いし簡単だ（ただし赤信号を認識するためには、もちろんセンサーが使われる）。つまり、この事例のように「明文化し易い行動原則」を自動運転車に実装するには、ルール・ベースＡＩが今でも使われている。

実用化に立ちはだかる問題とは

以上のような要素技術は基本的に、前述のＤＡＲＰＡ主催の自動運転車レースが開催された二〇〇五年頃にはほぼ出揃《でそろ》っていた。そして、このレースで優勝したスタンフォード大学のセバスチャン・スラン准教授ら開発チームをグーグルが丸ごと引き抜いて、自動運転の開発に当たらせた。

二〇〇八年二月、彼らグーグル・チームは自動運転用に改造した（トヨタのハイブリッド車）「プリウス」を使って、サンフランシスコからベイブリッジを渡って近隣の島までピザを宅配する走行実験を実施し、それが米ケーブルＴＶの「ディスカバリーチャンネル」によって放映されて注目を浴びた（ただし、この実験は大規模な警官隊を動員して周囲にバリケードを築き、他の車や歩行者らの通行を厳しく制限した環境下で実施された）。

ここからグーグルを筆頭に、やがては欧米や日本など各国のメーカーまで巻き込んで、本格的な自動運転の開発競争が勢いを増していったのである。

以来、約一〇年の歳月が流れた今日、自動運転技術はどの程度の水準にまで達しているのだろうか？

たとえば新聞やテレビの報道番組などでは、時々記者が自動運転車に試乗する様子が報じられたりする。これらの体験記では、自動運転車は大抵、交通量の比較的少ない時間帯における高速道路を巡航走行している。その間、自動運転車は前を走る車と適切な車間距離をとり、ハンドルやアクセル、ブレーキなどの操作も無難にやってのける。

また隣のレーンを走る車がこちらのレーンに割り込んでくると、自動運転車は礼儀正しく前方のスペースを譲り、逆に必要とあれば自らも隣のレーンへとスムーズに車線変更してみせる。

これらの様子を見る限り、自動運転車は今すぐにでも実用化（商用化）できるほど、完璧な技術レベルに達しているように思われる。が、本当はそうではない。それは自動車メーカー各社が、最近、米国の規制当局に提出した「公道でのテスト走行」のデータなどから明らかだ。

詳細は第二章で紹介するが、こうしたデータによれば、「ダイムラー（メルセデス・ベンツ）」のような世界的メーカーが開発中の自動運転車でさえ、数キロ走る間に少なくとも一回は何らかのトラブルによって自動運転が中断され、車に搭乗したオペレーター（つまり人間）が車（機械）に代わって運転を引き継がねばならない。これが現時点における自動運転技術の実力である。

なぜ、テレビの報道番組などでは無難に自動運転してみせるのに、公道でのテスト走行ではトラブルが露呈してしまうのか？　その理由は、あらかじめ周到に準備されたテレビ放送用のデモ走行とは異なり、現実の道路環境では何が起きるか分からないからだ。

たとえば道路工事である。道路工事の現場では、幾つものコーンが並べられた非常レーンが用意され、車は正式な車線を無視して、このレーンに入って工事現場を迂回《うかい》することが求められる。そこには大抵、車の誘導を担当する作業員が立っており、旗を振りながら「こっちをお通りください」と非常レーンまで導いてくれる。この場合、たとえ前方の信号が赤でも、車はそれを無視して進んで構わない。

ドライバー（人間）が運転する普通の車であれば、こうした工事現場を難なくクリアして走り続けることができる。ところが（少なくとも現在の）自動運転車には、それができない。その理由は、自動運転車に搭載された人工知能が、自らの内部で葛藤を起こしてしまうからだ。

まず各種センサーで測定した外界データを、隠れマルコフ・モデルで処理する「統計・確率型のＡＩ」は、コーンが並べられた非常レーンを認識することによって「（道路に穴が掘られた危険な）工事現場を迂回するには、このレーンを走るしかないな」と判断する。

しかし、それをすると中央分離線を乗り越えて対向車線に侵入してしまう。しかも前方の信号は赤である。いずれも「ルール・ベースのＡＩ」、つまりエンジニア（人間）が自動運転車（機械）に教え込んだ命令に違反する。

つまり車がセンサーと機械学習によって自ら導き出した結論と、あらかじめ人間から叩《たた》き込まれた命令が相反するので、自動運転車はどちらに従うべきか迷ってしまう。しかも機械には、前方で作業員が振っている旗の意味が理解できない。これらが相まって、自動運転車は運転を投げ出さざるを得ないのだ。

この種の事例は他に幾らでも考えられる。たとえば自動運転車の前方を走っていた車が追突事故を起こした場合、玉突き事故を避けるために自動運転車は当然、中央分離線を乗り越えて対向車線へと逃げなければならない。あるいは最悪の場合、歩道に乗り上げるしかないかもしれない。しかし、これらも、やはり事前にエンジニアから教育された交通ルールに違反する。このままでは、自動運転車はどう行動していいか分からないはずだ。

つまり現時点で試作レベルにまで漕《こ》ぎ着けた自動運転車が、今後、実用化（商用化）へと踏み込むためには、「そう頻繁には起きないが、それでもたまには起きる非常事態」あるいは「全く未知の事態」など、どんな状況にも対応できる態勢を整えなければならない。

しかし、技術者が事前にあらゆる状況を想定し、それをたとえばルール・ベースＡＩのような形で逐一プログラミングしていくことは事実上不可能である。なぜなら、何が起きるか分からない現実世界では、そういった状況は数え上げれば切りがないからだ。

制御の環に人間を入れる

では、どうしたらいいのか？　一つの選択肢としてメーカー各社が検討中なのは、そうした非常事態のときだけオペレーター（人間）が自動運転車を遠隔操作する、という方式だ。二〇一七年一月、日産自動車は米ラスベガスで開催された家電見本市「ＣＥＳ」で、そのために開発したシステム（技術）を発表した。

このシステムでは、遠隔地にある指令センターから無線インターネットで常時、自動運転車を監視する。もしも前述の道路工事のような非常事態に車が遭遇した場合、指令センターにいるオペレーターが車から制御権を引き継いで、これを遠隔操作する。この技術は「継ぎ目の無い自律走行（Seamless Autonomous Mobility：ＳＡＭ）」と呼ばれ、ＮＡＳＡ（米航空宇宙局）の技術をベースに開発されたという。

これと基本的に同じ方法は、グーグル（アルファベット）から分社化した自動運転技術の開発企業「ウェイモ」、あるいはスマホ経由の配車サービス事業を手掛ける米ウーバー（Uber：同社はいずれ自動運転技術の導入によって、運転手の要らないタクシーを実現しようとしている）、さらには日本のトヨタなど、競合他社も検討中とされる。

このように同じ自動運転でも、車（機械）の制御権を完全にＡＩに渡してしまうのではなく、むしろ人間が何らかの形で制御に関与する方式は、前述の「Human out of the Loop（制御の環から人間を外す）」と対比する形で、「Human in the Loop（制御の環に人間を入れる）」と呼ばれている。

これは既に現時点で、いわゆる「半自動運転（semi autonomous）」と呼ばれる機能として実用化されている。たとえば米国の電気自動車メーカー「テスラ」が二〇一五年一〇月にリリースした「オートパイロット」と呼ばれるシステムなどが、それに該当する。そこでは「ブレーキ／アクセル操作」や「前方車両の追尾」、あるいは「車線変更」など一部運転が自動化される一方で、そうした自動運転の最中でも、天候や道路・交通状況の変化など必要に応じて、通常の手動運転へと切り替わる。

こうした半自動運転は、今後メーカー各社が最終的な目標とする完全自動運転を実現するまでの途中段階と見られている。これは確かに現実的なアプローチではあるが、それなりの危険性も伴う。つまり自動運転車のような機械と人間との間で、制御権の受け渡しが上手くいかないケースが見受けられるのだ。実際、これが原因で二〇一六年以降、テスラのオートパイロットは米国や中国などで何件かの死傷事故を引き起こしている。

こうしたことから見て、今、真剣に考えねばならないのは、制御の環に人間を入れるべきか否か？　入れるとすれば、どの程度まで人間に任せるべきか？　つまり自動運転車の制御権を巡る、機械と人間との綱引きである。その行方と、そこに生じる重大な脅威については、第二章で詳しく見ていくことにしよう。

医療に進出するAI

以上のような自動運転と並んで、人工知能による判断が私達の生死を左右する分野がある。それは医療だ。日頃、私達の健康と命を預かる、この大切な分野に今、高性能でありながら謎の多いＡＩが進出しようとしている。

一般に頭脳明晰《めいせき》とされる医師といえども、所詮は生身の人間。そして人間の最大の短所は視野（知識の範囲）が限られていることだ。どれほど研鑽《けんさん》を積んだ優秀な医師でも、この世界に存在する、あらゆる病気やその原因、治療法などに通じているわけではない。

これに対し、高速プロセッサと大容量の記憶装置を駆使するＡＩであれば、世界中で日々発表され蓄積される大量の医学論文を瞬く間に読破し、医師が知らなかった病名や気付かなかった治療法を提示してくれる。こうした基本的アイディアの下に、人工知能が先端医療の現場に導入されつつあるのだ。

その草分けにして象徴的存在でもあるのが、米ＩＴ大手のＩＢＭが開発した「ワトソン（Watson）」だ。ワトソンは元々、米国で国民的な人気を誇るクイズ番組「ジョパディ（Jeopardy!）」に出演するために開発された異色のコンピュータだ。

それは人間のように言語を理解するとされ、その能力を使って古今東西の歴史、文化、政治、経済、芸能、等々に関する文書を片っ端から読破して学んだ（これはもちろん、比喩に過ぎず、実際にはエンジニアがそれらの文書をデジタル化して、ワトソンに入力したのだ）。

二〇一一年、このワトソンが念願通りジョパディに出演し、それまで伝説的とも称された二人の歴代チャンピオン（もちろん人間）と対戦。そこで次から次へと出題される難問に正解を連発し、二人の人間チャンピオンを一蹴した。この様子をテレビで目撃した全米の視聴者は、ワトソンとこれに代表される現代ＡＩが到達した技術レベルに驚愕《きょうがく》した。

これに強い手応えを得たＩＢＭは、ワトソンを単なる自社ＰＲ用のマシンから、本格的なビジネス用のコンピュータに改造することを決定。約三年の準備期間を経て、二〇一四年にワトソン事業部を正式に発足させた。そこには当初一〇億ドル（一〇〇〇億円以上）の予算が付けられ、やがて一万人ものスタッフが配置されるなど、ＩＢＭはワトソンを今後の基幹ビジネスと位置付け、その育成に全力で取り組んでいる。

本書執筆中の時点で、ワトソンは米国や日本をはじめ世界四九ヵ国で導入され、活用分野は二五業種に及ぶ。具体的な用途は「企業の経営支援」「コールセンターでのカスタマー・サポート業務」、あるいは「税務サービス」や「金融コンサルティング」など多岐にわたる。

中でもＩＢＭが当初から注力し、現在でもワトソン事業部における全人員の約三分の二が振り向けられているのが「ワトソン・ヘルス」と呼ばれる医療ビジネスの分野だ。ここでは「新薬の開発」や「癌の診断支援」、あるいは「ゲノム解析アドバイザー（患者のＤＮ

Aなど遺伝情報を解析して、個々の患者に最適な治療法を提供する新型医療）」など、様々な医療目的にワトソンを応用しようとしている。

このためにIBMは、米国の高度医療機関などと提携し、彼らが蓄えた癌に関する大量の研究論文や、多数の患者の「ゲノム（全遺伝データ）」などをワトソンに読み込ませて学習させた。つまりワトソンを当初の「クイズ王」から「医療のエキスパート」へと転身させ、これを医師のアシスタントに使おうと考えたのだ。

この試みは目覚ましい成果を生み出した。たとえば米国でワトソンが癌治療に応用された約一〇〇〇ケースの三〇パーセントで、医師が思いつかなかった治療法を提案し、医学関係者に衝撃を与えた。

日本でも東京大学医科学研究所が、国内の先陣を切ってワトソンを導入。二〇一五年七月には、急性骨髄性白血病を患った六〇代女性の診断にワトソンを使ってみた。彼女はその年一月に東大病院に入院して以来、半年間にわたって二種類の抗癌剤治療を受けたが、回復の兆しが見られず敗血症の恐れも出ていた。

しかしワトソンが女性患者の遺伝情報を解析すると、急性骨髄性白血病の中でも診断が難しい「二次性白血病」という特殊なタイプであることが判明。この情報に基づいて、医師が患者への抗癌剤を変更したところ、これが功を奏して症状が治まり、二ヵ月ほどで女性は退院できた。まさにＡＩが人命を救った（恐らくは）初のケースとして、テレビ、新聞など日本の各種メディアで大きく報じられた。

ワトソンはインド、タイ、シンガポールなどの病院にも導入され、日米同様、患者の診断や治療法などで適切な助言を医師に与えている。また、このワトソンと同様の試みは、日本の公益財団法人「がん研究会」とＡＩ開発会社「ＦＲＯＮＴＥＯヘルスケア」（共に本拠は東京都）が共同開発中の「人工知能による、癌プレシジョン医療システム」など、他にも広がりを見せている。

ＡＩが引き起こす新たな医療過誤

このように、医療分野へと進出した人工知能には前途洋々の未来が開けそうだが、一方で深刻な懸念も見受けられる。たとえば新たな医療過誤の危険性だ。

もちろん本書執筆中の時点では、ワトソンなどＡＩを使うことによって患者が死亡する、あるいは病状が悪化する、といったケースは報告されていない。しかし、それは恐らく現時点のワトソンが、まだテスト運用の段階にあるからだろう。つまり今後ワトソンのようなＡＩが本格的に病院やクリニックなど医療現場へと普及したとき、人工知能と医師（人間）の間で、何らかの齟齬《そご》が生じることが十分考えられるのだ。

今のところワトソンはあくまで「医師のアシスタント」と位置付けられている。つまり大量の医学論文などを読み込んで、そこから医師が気付かなかった病名や治療法などを提案してくれるが、そうしたワトソンの助言を参考に、最終的な診断を下したり治療法を決めるのは、あくまで人間である医師の役目とされている。

これは（前述の自動運転のところで紹介した）「Human in the Loop（制御の環に人間を含む）」に該当する。医療のように人間の生死に関わる分野では、人工知能に患者の診断や治療を丸投げするのは、さすがに抵抗がある。このため「医師（人間）が最終的な決定権と責任を持つ」ことになったのだ。こうしたスタンスは今後、当面は維持されるだろう。

が、ここで気になるのは「医師とワトソン（のようなＡＩ）との間で、意見が割れたとき」の対応だ。ワトソンには「ワトソン・パス（Watson Paths）」と呼ばれる医師支援機能が用意されている。医師はこの機能を使ってワトソンの思考経路を辿《たど》ることができる。つまりワトソンがどのような論文を参考にし、そこからどんな判断基準や考え方に基づいて、何らかの診断結果や治療法を提示するに至ったのか、その経緯を医師は詳しく見ることができるのだ。

しかし、たとえワトソンの思考経路が判明したとしても、それでもなお医師とワトソン（AI）との間で意見が割れる可能性は十分あり得るし、（第三章で紹介するが）既にインドのある病院では実際にそうした齟齬が起きている。

ワトソンが提供する診断や治療法は、実は絶対的な正解ではなく、あくまでも「正解である確率が高い医療情報」に過ぎない。これを参考に最終的な決定を下すのは医師だが、患者の病気に関する自らの見立てとワトソンの助言が食い違った場合、かなり難しい判断を迫られるだろう。

たとえば医療には、いわゆる「マイノリティ・レポート（少数派の意見）」と呼ばれる問題が付きまとう。ある病気に関して書かれた医学論文が仮に一〇〇本あったとしよう。そのうちの九〇本は「A」という治療法、残りの一〇本は（Aとは相反する）「B」という治療法を推奨している。統計的にはAの治療法が正解だろうが、医療の世界では必ずしも多数決が正解に結び付くとは限らない。むしろ少数派のBが正しい治療法であるケースもままあるのだ。

そうした中で、ワトソンが多数派のAを提案し、医師が少数派のBを支持する、あるいはその逆もあり得るだろう。いずれの場合でも、医師がワトソンの助言を排して、自らの判断で患者を治療し、運悪く病状の悪化や死に至った場合、そこで責任を追及される恐れはないだろうか。つまり「なぜ、(正解率の高い)ＡＩの意見を敢えて否定してまで、自分の意見にこだわったのか?」という周囲の批判である。

逆に今後、ワトソンのような医療ＡＩの能力がどんどん高まることによって、医師がＡＩに益々《ますます》依存するようになり、最終的には診断や治療を(事実上)丸投げしてしまうこともあり得る。

これに近い事態は既に将棋界で起きている。つまり将棋ソフトの性能が年々アップすることで、棋士(人間)がソフト(ＡＩ)の指す手を正解とみなす傾向が強まり、結果として棋士同士の対戦における不正疑惑問題が発生する下地になった。

が、将棋ソフトも医療ＡＩも絶対的な正解を返してくれるわけではない。つまり人工知能が間違う可能性も残されているのだ。それでも将棋なら「勝った、負けた」で済むが、医療に応用されるＡＩでは患者の命がかかってくる。近い将来、医師がＡＩに大きく依存するような時代が訪れた場合、そのＡＩが引き起こす新たな医療過誤は、現在とは比較にならないほど複雑な様相を呈してくるはずだ。

医療に応用されるディープラーニング

こうした傾向を助長すると見られるのが、医療の現場におけるディープラーニングの導入だ。第三章で詳しく解説するが、ワトソンは伝統的な「ルール・ベースAI」の流れを汲《く》む人工知能であるのに対し、ディープラーニングは今世紀に入って急激に発達したニューラルネット技術の最新モデルである（ただしIBMが二〇一五年に買収した「アルケミーAPI」というベンチャー企業を通じて、ワトソンの画像解析など一部機能にはディープラーニングが取り入れられている）。

今、このディープラーニングを医療に応用する取り組みが、世界的に勢いを増している。それをリードするのは、米グーグル（アルファベット）傘下のAI開発企業である英ディープマインドだ。

ディープマインドは二〇一六年三月、自ら開発した「アルファ碁」という囲碁ソフトが世界トップクラスの韓国人棋士イ・セドル九段に勝ったことで一躍、世界的に有名になった。アルファ碁は二〇一七年五月、中国・浙江《せっこう》省で、世界最強とされる柯潔《かけつ》九段も三戦全勝で下した。この驚異的な囲碁ソフトに使われているAI技術がディープラーニングである。

ディープラーニングの技術や仕組みについては、やはり第三章で詳しく説明するが、基本的には「機械学習」と呼ばれる分野の技術であると、ご理解頂きたい。つまりコンピュータのような機械が、いわゆる「ビッグデータ（大量のデータ）」を教材にして自ら学んで賢くなるための技術だ。

少し前に、「ディープラーニングはニューラルネットという技術の最新モデル」と述べたが、他方で「機械学習」という分野の技術でもあるとは紛らわしいかもしれない。正確を期すために言っておくと、ニューラルネットは機械学習という、より大きな枠組みの中に含まれるという理解でほぼ間違いない。

ディープラーニングは脳の（後頭部にある）視覚野の研究成果（理論）を採用しているため、画像認識を最も得意とする。また脳の知覚領域には汎用性があるため、視覚野の仕組みを応用したディープラーニングは聴覚のような音声認識も得意だ。これらは一般に「パターン認識」と総称される（くどいようだが、パターン認識もまた機械学習の一種だ）。

アルファ碁に搭載されたディープラーニングが囲碁で強みを発揮する理由は、盤上で白と黒の碁石が織りなすパターンを、人間よりも速く的確に認識できるからだ。アルファ碁は事前に入力された数百万局にも上る過去の棋譜データ、さらには自己対戦のデータなどを機械学習し、そこから「どのようなパターンのときは自陣が優勢、あるいは劣勢か」を判断できるようになる。そして実戦では、盤面に描き出される白黒パターンを、少しでも自陣優勢の方向へと変化させるように碁石を打つのである。

恐らく人間の棋士も実戦では、ほぼ直観的に、これと同じ戦い方をしているはずだ。アルファ碁がトップ棋士にも勝てるようになったということは、脳科学に基づくAＩのパターン認識や形勢判断力がトップ棋士をも上回るレベルに達したことを意味する。

ブラックボックス化する医療

ディープマインドはこうしたディープラーニングの優れたパターン認識能力を、囲碁のようなボード・ゲームのみならず、人命を救う医学にも応用しようとしている。彼らが英国やインドの病院と共同で実施した臨床試験の手応えは上々であることから、ディープラーニングは今後、様々な病気の診断や予知、予防などに革命的な進展をもたらすことが確実視されている。

しかし一方で、やはり深刻な懸念も指摘されている。それはディープラーニングのようなニューラルネット技術に共通する「ブラックボックス化」と呼ばれる現象だ（詳細は第三章で）。

ブラックボックス化とは文字通り、ディープラーニングという「箱」の内部で何が起きているのか、その外側からは窺《うかが》い知ることができないという問題だ。これは前述のＩＢＭ「ワトソン」とは対照的である。そこでは「ワトソン・パス」という支援ツールを使うことで、医師はワトソンがどのようにして何らかの病名や治療法を提示するに至ったか、その思考経路を後から追跡できる。

これに対し内部がブラックボックス化されているディープラーニングの場合、それがどのようにして何らかの結論に至ったかを医師は知ることができない。たとえば「この患者はこれこれこういう希少疾患に侵されています。この病気には、最近開発された、これこれこういう新薬が効果的です」という助言を提示したとしても、なぜそのように考えたのか、その理由をディープラーニングは医師に教えてくれないのだ。

これは医師にとって非常に悩ましい決断を迫ってくる。なぜなら、ディープラーニングはいつも非常に高い確率で正解を返してくるからだ。つまり医師はその助言に従った方が、患者を救える可能性が高い。

しかし、たとえそうでも合理的な理由が分からなければ、人命を左右する決断を下すことは難しい。たとえば診察室において、医師が患者やその家族に向かって「理由はよく分からないが、ディープラーニングがこう言っているから、この治療法を試してみましょう」などと言ったら、一体誰が承諾するだろうか。

しかし驚くべきことに、実際の先端医療は今、まさにこの方向へと進みつつある。そこではディープラーニングのブラックボックス問題を解決するため、「理由を説明できる人工知能（Explainable AI）」の研究開発も始まっているが、それはまだ緒に就いたばかりだ。こうした危うい展開に対する社会的議論すら為されないまま、医療現場へのＡＩ導入は前のめりに進んでいる。その現状と行方については、第三章で改めて詳説する。

自律的兵器の登場

以上のような医療は「命を救う」ための営みだが、逆に「命を奪う」ための活動にもＡＩが導入されつつある。

世界で突出した軍事大国の米国は近年、人工知能を搭載した次世代兵器の開発を粛々と進めている。たとえば無人ステルス戦闘機、敵への照準を自ら定めるミサイル、上空から地上のテロリストを監視する自律的ドローン……殺人ロボットの異名を持つ、これらシュールなAI兵器が今、「ターミネーター」のようなSF映画を飛び出し、現実世界における新たな脅威として私達の眼前に迫りつつある。

ペンタゴン（米国防総省）、つまり米軍は、これらAI搭載の自律的兵器をごく一部の例外的存在というより、むしろ広範囲にわたる次世代戦力の要と位置付けている。つまり彼らは今、AIをベースとする抜本的な軍事改革を進めている最中なのだ。

その主な動機は、中国やロシアなどの軍事力に対する差別化である。二〇世紀中盤から今日まで、米国は常に（冷戦時の）ソ連など他の軍事大国に差をつけるべく、その時代ごとの先端技術を取り入れて恐るべき新兵器を開発してきた。

たとえば第二次世界大戦中のマンハッタン計画から生まれた原子爆弾とこれに端を発する核兵器、あるいは一九七〇年代以降に開発されたレーザー誘導の精密兵器などがそうだ。が、今日ではロシアや中国などいわゆる五大国、さらにはインドやパキスタン、（恐らくは）イスラエルや北朝鮮までもが核兵器を手にし、また精密誘導兵器も珍しいものではなくなり、米軍の技術的優位性は失われた。

そこでペンタゴンは今回、二一世紀の革命的技術である人工知能を駆使して、再び中ロなど他の軍事大国を引き離そうとしている。これを米国の国防関係者は「第三の軍事刷新(3rd Offset)」と呼んでいる。

その先駆けにして象徴的な存在でもあるのが、世界的な軍需メーカーである米ロッキード・マーチンが開発中の「長距離対艦ミサイル(Long Range Anti-Ship Missile：LRASM)」だ。LRASMには(人工知能の一種である)高度なパターン認識技術が搭載されている。これによってミサイル自体が、敵の戦艦など攻撃対象を見つけて破壊することができる。

実は、このようなAI兵器は米国以外でも開発や導入が進んでいる。たとえば英国が開発中の無人ステルス戦闘機「タラニス(Taranis)」、あるいはイスラエルが既に配備している対レーダー・ミサイル「ハーピー(Harpy)」や防空システムの「アイアン・ドーム」、さらには韓国が北朝鮮との間の非武装地帯に配備した哨兵《しょうへい》ロボット「SGR-1」など、いずれも兵器が自分で判断して敵を攻撃する能力を備えている。他にもフランスやノルウェーなど、自律的兵器の開発に着手している国は枚挙に暇《いとま》がない。

これらの事例から見て、「AIの導入による軍事力の刷新」は、恐らく米軍だけではなく世界的な傾向と言って構わないだろう。

従来兵器との決定的な違いとは

ＡＩのような時代をリードする先端技術が、戦争や戦場の様子を一変させるのは今に始まったことではない。古来、為政者達は敵を打ち負かすため新たな技術に目を向け、これを兵器に応用してきた。

たとえば古代のカタパルト（投石器）やチャリオット（戦闘用馬車）、中世の長弓やクロスボウ（石弓）、近世の火器（大砲、銃器）や軍艦、近代以降の機関銃、戦車、毒ガス、潜水艦、軍用航空機、ミサイル、レーダー、核兵器……戦争の歴史は軍事技術の歴史でもある。

しかし、これら過去の革新的兵器と、これから戦争に投入されようとしているＡＩ兵器とでは決定的に異なる点がある。

これまでの兵器は、主にその破壊力や攻撃範囲を拡大するため新技術が導入されてきた。これに対し、現在開発が進められているＡＩ兵器は、攻撃対象となる敵を定めたり、相手を攻撃するか否かを判断する能力を備えようとしている。これらは従来、軍隊の指揮官や戦場における兵士ら人間に与えられた役割だった。

つまり兵器がもはや「人に使われる道具」ではなくなり、むしろ「人に代わる戦闘主体」へと質的な変化を遂げ始めたのだ。

しかし、それはまた「超えてはならぬ一線」かもしれない。

現在、「第三の軍事刷新」を推し進めるペンタゴンは公式文書の中で、この点に言及している。（詳細は第四章に回すが）それによれば、たとえＡＩ兵器が戦場に投入されたとしても、攻撃の最終的判断を下し、その責任を負うのは、あくまでも指揮官や兵士である、としている。

が、その実際の記述は抽象的で、読み方次第ではいかようにも解釈できる。つまり今後、兵器が大幅な自律性を確保することへの含みを持たせた内容となっている。

ここまで述べてきたように、ＡＩ脅威論の本質は「その制御に人間が関与しないこと」にある。しかし少なくとも現段階で、その進化の方向性を決めるのは、あくまで研究者や私達一般人を含む人類の責任だ。これに続く各章では「自動運転」「医療」「兵器」の順に、私達の命に直結し始めたＡＩ開発の現状とその行方を詳しく見ていくことにしよう。

第二章　自動運転車の死角

ＡＩの判断ミスが、一瞬にして尊い人命を奪ってしまう――その嚆矢《こうし》として歴史に刻まれるのは、二〇一六年五月に米テスラの電気自動車「モデルＳ」が引き起こした衝突事故だろう。

事故の詳細は後述するが、要するに高速道路を走行中のモデルＳは対向車線から左折してきた大型トレーラーと衝突。この事故でモデルＳは大破し、そのドライバーが死亡した。同車種には、ある種のＡＩ技術に基づく「オートパイロット」と呼ばれる（限定的あるいは部分的な）自動運転機能が搭載されている。事故を起こしたとき、モデルＳはまさに、この自動運転モードで走行していた。

ここ数年、米グーグルや世界各国の自動車メーカーは自動運転車の開発を加速し、市街地を含む公道で極めて長距離に及ぶ試験走行を重ねてきた。その過程で「接触事故」のような軽度のアクシデントは時折報告されたが、ドライバーや同乗者の死亡、あるいは重傷といった重大な事故は、それまで一度も起きたことはなかった。

このため順調に開発が進めば、今後、徐々に部分的な自動運転技術が製品に導入され、二〇二〇年頃には完全な自動運転、ないしはそれに近い機能が実用化されるとの見方が強まっていた。その矢先に起きた前述の死亡事故は、それまでの楽観的な観測に深刻な影を落とし、自動運転の実用化に関する各社の将来計画に少なからぬ影響を与えた。

たとえば米ゼネラル・モーターズ（GM）は、二〇一六年の秋に製品化する予定だった（限定的な）自動運転車の発売を二〇一八年まで延期した。テスラ車による死亡事故を受けて、自動運転技術の安全性を一段と高めてから市場に投入する意図と見られる。

また米フォード・モーターは「（オートパイロットのような限定的な自動運転機能ではなくドライバーの要らない完全な自動運転機能を二〇二一年までに実用化する。当初は一般消費者向けに発売するのではなく、（米ウーバーのような）スマホを使ったライドシェア（相乗り）事業などに提供する」との計画を明らかにした。

一方、独BMWはテスラ車の事故後、「今後とも自動運転技術を開発する方針に変わりはないが、その製品化は二〇二一年以降になる。また、その技術はテスラのモデルSに搭載された自動運転技術（オートパイロット）とは大きく異なるものになる」との方針を発表。

またスウェーデンのボルボも同事故を受け、「限定的な自動運転ではなく、（グーグルが開発を進めているような）完全な自動運転技術を開発する」との方針を表明した（ただし彼ら欧州メーカーは、初歩的な自動運転は既に実用化している）。

いずれのケースでも、自動運転技術に関する、各社の開発方針や計画が相当の見直しを迫られていることが伝わってくる。

死亡事故の現場検証

テスラ車（モデルS）の衝突事故はなぜ、それほど大きな衝撃をもたらしたのか？　これを考える上で、まずは同事故の具体的な様子を知っておく必要があるだろう。

それは二〇一六年五月七日、米フロリダ州を縦貫する高速道路「US－27A」で発生した。因《ちな》みに、このUS－27Aのような米国の「highway（幹線道路）」は基本的に無料で利用できるので、制度的には、ちょうど日本の国道のような位置付けにある。

しかし、実際には制限速度が「五五マイル（時速約八九キロ）―七五マイル（時速約一二一キロ）」程度と高速で、しかも本車線に合流するためのランプ（入・出路）なども用意されているので、「事実上の高速道路（freeway）」と言って構わない（逆に市街地や住宅街などを走る一般道は、米国では「surface road」あるいは「residential street」などと呼ばれる）。

事故の様子だが、この高速道路US－27Aを南東の方向へと（オートパイロットで）自動走行中のモデルS（図1ではV02と表記）に対し、対向車線を走行中の大型トレーラー（図1ではV01）が分岐道「NE 140th Court」へと入るために急左折。この大型トレーラ

図1　テスラの自動運転車が引き起こした衝突（死亡）事故の様子

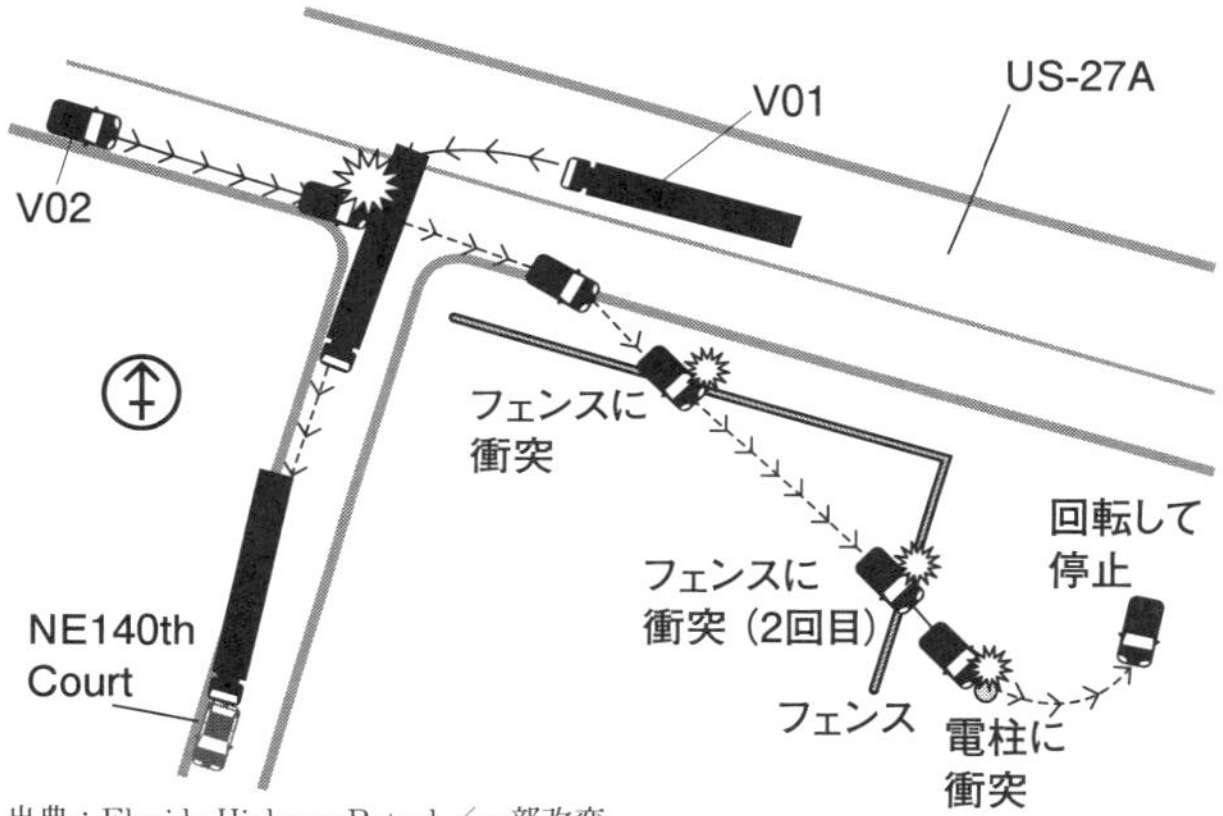

出典：Florida Highway Patrol／一部改変

ーの（進行方向における）右側面に、モデルSが突っ込んでいく形となった。

大型トレーラーは車高がかなり高いので、車体の底面と路面との間に相当のスペース（隙間）が生じる。このため（自動運転中の）モデルSはトレーラーの（進行方向）右側面に衝突するというより、むしろその隙間に突入していく形となった。それまで時速六五マイル（一〇五キロ）で走行していたモデルSは、その勢いでトレーラー下の隙間をくぐり抜け、トレーラーの（進行方向）左側面から外に抜け出した。

その際、モデルSの天井はトレーラーの底面と激しく擦れ合って引き剝《は》がされ、そのショックでモデルSの進路は大きく右方向に逸《そ》れた。そして高速道路のフェンスを突き抜け、さらに直進して、その前方にある電柱に激突。これによってモデルSの車体は大破し、ドライバーは死亡した。

以上の経緯から分かるように、モデルSに搭載されたオートパイロットは、急左折して前方に立ちふさがったトレーラーを認識できず、結果的にこれに向かって突っ込んだ。

この事故の原因について、テスラは「トレーラーの白色の車体と、その背景にある快晴の空の青さをオートパイロットが区別できず、結果的にトレーラーを障害物として認識できなかったのではないか」との見方を、事故直後に示した。

が、その後、同社は「（事故時に）オートパイロットは正常に動作していたが、自動ブレーキが作動せずに事故へと結び付いた」とする新たな見解を示した。しかし一般ユーザーから見れば、自動ブレーキもオートパイロット（事実上の自動運転機能）の一環であり、両者を敢えて区別するテスラの見解に対する違和感も聞かれた。

翌年発表された米NTSB（国家運輸安全委員会）の調査結果では、死亡ドライバーは（一定時間ハンドルを握らないと鳴る）警告音を無視して手放し運転していたという。

公道でのテスト走行が不十分だった

この事故は未然に防ぐことはできなかったのか？　実はオートパイロットの安全性について警鐘を鳴らすデータは、皮肉にも事故が発生する数ヵ月前に報告されていた。それは二〇一六年一月、米カリフォルニア州の車両局（Department of Motor Vehicles：ＤＭＶ）が発表した調査結果である。

同調査に際して、ＤＭＶは自動運転技術を開発中の複数企業に対し、走行テストのデータ提出を求めた。対象となるのは、二〇一六年一月から遡って過去一四ヵ月間にカリフォルニア州の公道で実施された自動運転車の走行テストだ。

ＤＭＶの求めに応じたのは、グーグル、ダイムラー（メルセデス・ベンツ）、フォルクスワーゲン、日産自動車、ボッシュ、デルフィ、そしてテスラ。もちろん各社はカリフォルニア州以外でも走行テストを実施しているはずだが、公道での自動運転テストを行う上で最も環境が整備されているのは同州。従って二〇一六年一月に提出されたデータは、各社の自動運転に関する開発・テスト状況をかなりの程度まで反映していると見ていいだろう。

このデータを見ると、まず公道におけるテスト走行の総距離では、グーグルが圧倒的に他を引き離している（図2）。もちろん本格的な自動運転の開発を始めたのはグーグルが

図2　米カリフォルニア州における各社の自動運転車のテスト走行距離

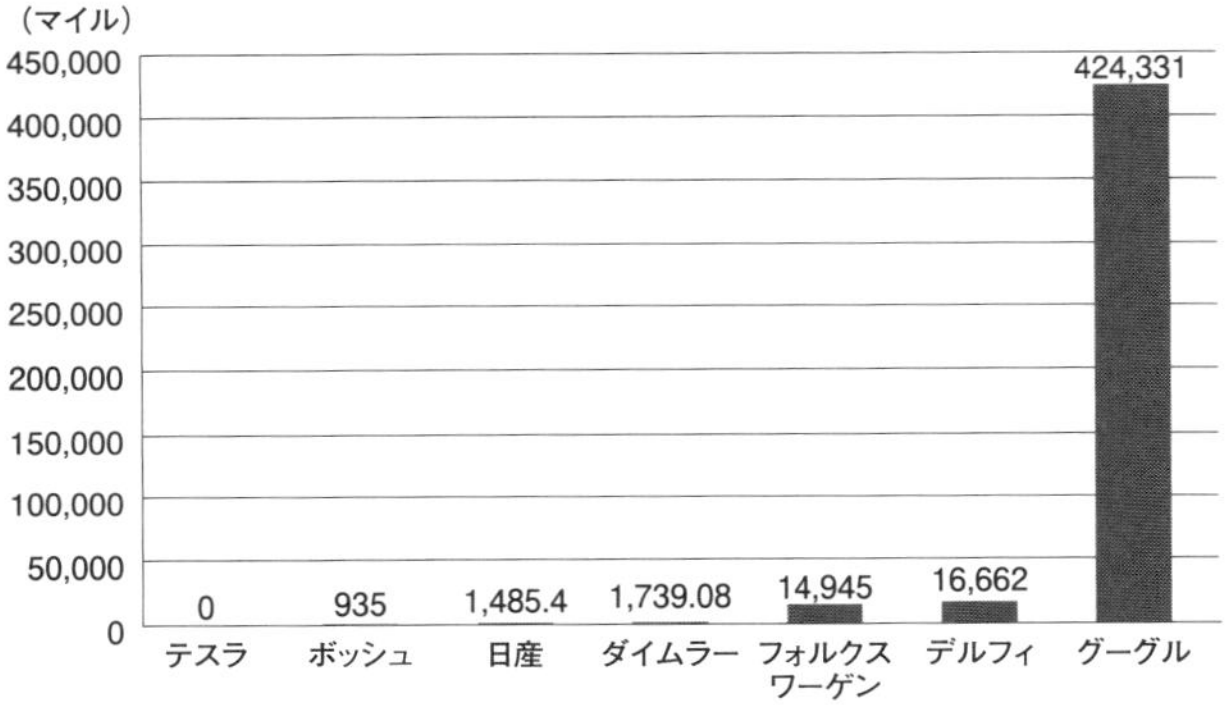

出典：California Dept. of Motor Vehicles

最初だから、同社がトップに立つのは当然だ。が、ここ数年、日本やドイツ、米国をはじめ世界各国のメーカーも自動運転に参入し、それをアピールしてきた。それを考え併せると、最近に至るまで、これだけの開きがあるのはやや驚きである。

ＤＭＶが二〇一六年に発表した調査結果の中には、各社による自動運転車のテスト走行中、何らかのトラブルや非常事態、あるいは複雑な道路状況などから、乗車中の人間（テスト・ドライバー）が自動運転に介入して、（ハンドルを握っての）手動運転に切り替えざるを得なかった回数も含まれている。

ただし自動運転のテスト走行距離が長い

図3　単位距離（1マイル）当たりの介入回数

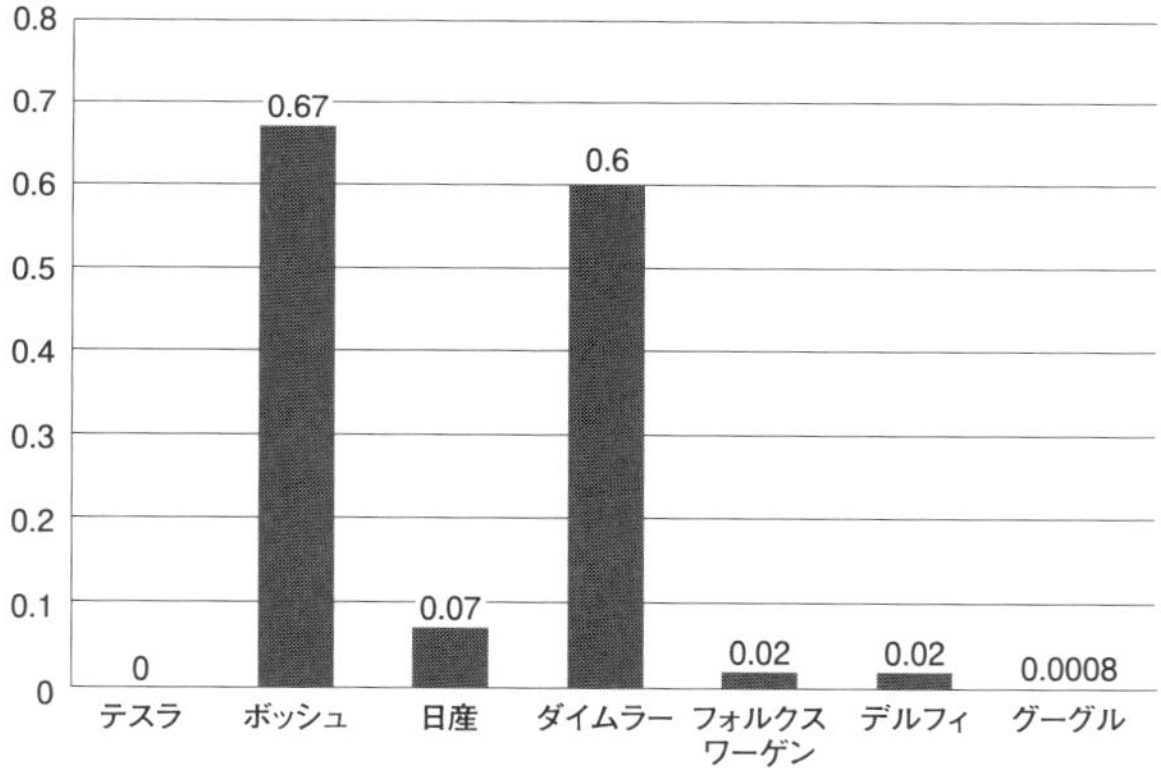

出典：California Dept. of Motor Vehicles

ほど、人による介入回数が多くなるのは当然。従って、より公平に評価するためには、介入回数を走行距離で割った数字を算出する必要がある。それを示すデータが図３である。

改めて断るまでもなく、人による介入回数が少なければ少ないほど、自動運転技術の完成度が高いことを意味する。このグラフを見ても、やはりグーグルが他を圧倒的に引き離して好成績を収めているのが分かる。

そうした中で、気になるのはテスラが提出したデータである。これを見ると公道でのテスト走行距離、そして人による介入回数のいずれもゼロである。つまりテスラは

（少なくともカリフォルニア州では）公道上でのテスト走行を全くしていなかったことになる。

しかしテスラは（この調査が実施された時点で）既に他社に先駆けて、部分的な自動運転機能であるオートパイロットを実用化していた。それなのに公道テストを全くしていないとは、どういうことなのか？

この理由について米ワシントン・ポスト紙は、「テスラは（オートパイロットをリリースした後で）ユーザーをモルモット（guinea pig：実験材料）にして、公道テストを実施しているのではないか」と見ている（"These charts show who's lapping whom in the race to perfect the driverless car," Brian Fung and Matt McFarland, *The Washington Post*, Jan. 15, 2016より）。

実際、二〇一六年五月の死亡事故が起きる前からオートパイロットを試してみたユーザーの中には、かなり危険な目にあった人も少なくない。そうしたデータをインターネット経由で吸い上げ、これを解析することで、テスラはオートパイロット技術の完成度を高めていくというわけだ。

たとえばオートパイロットがリリースされて間もない頃、自動運転中のテスラ車が、高速道路のランプ（出口）が近付くと、ユーザーが指示していないのに自動的にランプに向かってしまう現象が何度か報告された。これを受けて、この問題を引き起こしたバグ（ソフトの不具合）は、オートパイロットのその後のバージョンでは修正された。

こうしたやり方は、グーグルやフェイスブックなどIT企業が各種ソフトをベータ版（試作版）の段階でリリースし、ユーザーの反応を見ながら、徐々にバグなど問題点を修正し、完成度を高めていく方式を彷彿《ほうふつ》させる。パソコンやスマホ用のソフトなら、それでも問題ないかもしれないが、オートパイロットのように人命を預かる自動運転用システムとなると、大いに問題があると言わざるを得ない。

米国政府は消費者保護より産業育成を優先

このため、米国の消費者団体などからテスラへの非難が押し寄せた。

また政府機関である「NHTSA（国家幹線道路交通安全局）」と「NTSB（国家運輸安全委員会）」も、各々、事故の直後から、その原因などについて調査を開始した。

このうちNHTSAによる調査結果が二〇一七年一月に発表され、「オートパイロットという製品自体に欠陥はなかった」とする裁定が下された。

それによれば、「オートパイロットは、あくまで前方車両との追突事故などを防ぐために設計されており、（今回の事故のように）対向車線を走っていた車両が、こちら側の車線へと侵入して、目の前を横断するという事態は同システムの能力の範囲外にある」（NHTSAの公式見解より）という。

ここで気を付けなければならない点は、テスラがあらかじめユーザーに対し「オートパイロットは（自動運転ではなく）あくまで運転支援機能であり、これができることには限界がある」と断っていたことだ。このためNHTSAとしては、「テスラがオートパイロットの限界を事前にユーザーに告知していた以上、その限界を超える事態によって事故が引き起こされた場合、その責任をオートパイロット（つまりテスラ）に押し付けることはできない」と判断したのだ。

要するにNHTSAは「オートパイロットは全く安全なシステムなので、ユーザーは安心してこれを使うことができる」と言っているわけではない。むしろ「非常に限られた能力しかないので、ユーザーはそれを承知した上で慎重に使ってください」と言っているのだ。つまり「オートパイロットに欠陥はない」というのは、あくまでも「テスラがあらかじめユーザーに通知していた製品スペックと相違ない」という意味で「欠陥がない」と言っているに過ぎない。

これと併せ、今回の事故で死亡したドライバー側の責任にも言及している。それによれば、事故を回避できなかったのは、ドライバーが手放し運転を行うなど、想定外の（オートパイロットの）使い方をしていたためであり、その責任はドライバー自身にある——これが調査を終えたＮＨＴＳＡの公式見解である。

以上の経緯をテスラは当然歓迎しているが、彼らだけでなく世界の主要自動車メーカーも好感している。もしも正反対の裁定が下され、オートパイロットの製造物責任（ＰＬ）が問われるような事態になっていたとすれば、近い将来、巨大な新市場を生み出すと見られる「自動運転技術」の開発・製品化を阻害することになったはずだ。これを未然に回避できたことで、関係業界一同が胸を撫《な》で下ろした。

が、他方、ユーザーの立場から見た場合、今回のＮＨＴＳＡによる調査・裁定には幾つかの問題が存在する。一つは、テスラ側による（事実上の）誇大宣伝があった事実を、ＮＨＴＳＡが容認した点だ。

確かにテスラは公式見解ではオートパイロットを「自動運転ではない」と断っていたが、実際には半ば自動運転に近い機能として、事あるごとにメディアなどを通じて宣伝していた。これによって（今回、事故で死亡したドライバーのように）オートパイロットの能力を実力以上に過信するユーザーが多数出たことは否めない。調査結果の中で、ＮＨＴＳＡはこの点に言及はしたものの、その責任を厳しく追及するところまではいかなかった。

中途半端な自動運転はドライバーを混乱させる

もう一つは、オートパイロットのような（事実上の）半自動運転ならではの危険性が確かめられたことだ。実は今回の死亡事故以外にも、オートパイロットが関与した事故、あるいは事故すれすれの事態は米国内だけでも全部で数十件に上る。また米国に先だって二〇一六年一月には、中国河北省でもオートパイロット使用中と見られる死亡事故が発生している（テスラは「オートパイロットが作動していたかは不明」としている）。

今回、NHTSAは米国内におけるオートパイロット関連事故を全て調査したが、そこから浮かび上がってきたのは「mode confusion（ドライバーの混乱）」という現象だった。

つまり半自動運転の場合、車の制御権が「ドライバー」と「自動運転機能」の間を行ったり来たりする。その間に「今、車を運転しているのは自分なのか、それとも自動運転機能なのか？」とドライバー（ユーザー）が混乱してしまう。これが「mode confusion」で、オートパイロットが関与した事故の主な原因となっている。こうした現象は以前から危惧されていたが、今回、NHTSAの調査によって、それが実際に確かめられた、というわけだ。

グーグルのように、いきなり完全自動運転の実用化を目指すのではなく、むしろ半自動運転から着手して、徐々にそのスペックを上げていき、最終的に完全な自動運転を実現する。これはある種、現実的なアプローチとして世界の主要メーカーが採用している手段だ。しかし、そこには「mode confusion」という宿命的な問題がつきまとう。

その一方で、NHTSAは「(オートパイロットの一部である）自動ステアリング機能(Autosteer）の導入後、テスラ車の事故率が（導入前より）四〇パーセントも低下した」との調査結果も報告している。つまり、この種のシステムの長所と短所とを天秤《てんびん》にかけて、今回の裁定に至ったと見ることができる。

自動運転車に搭載される各種センサー

以上、死亡事故に至る経緯やその後の調査結果などを見る限り、ユーザー側にオートパイロットのような半自動運転に対する誤解や混乱が生じたことが主な原因と考えられる。

この問題は今後、テスラをはじめメーカー各社の取り組み次第で解決できるはずだ。しかし一方で、事故には自動運転技術の原理的限界も大きく影響している。こちらの方がよ

図4　自動運転車に搭載される各種センサー

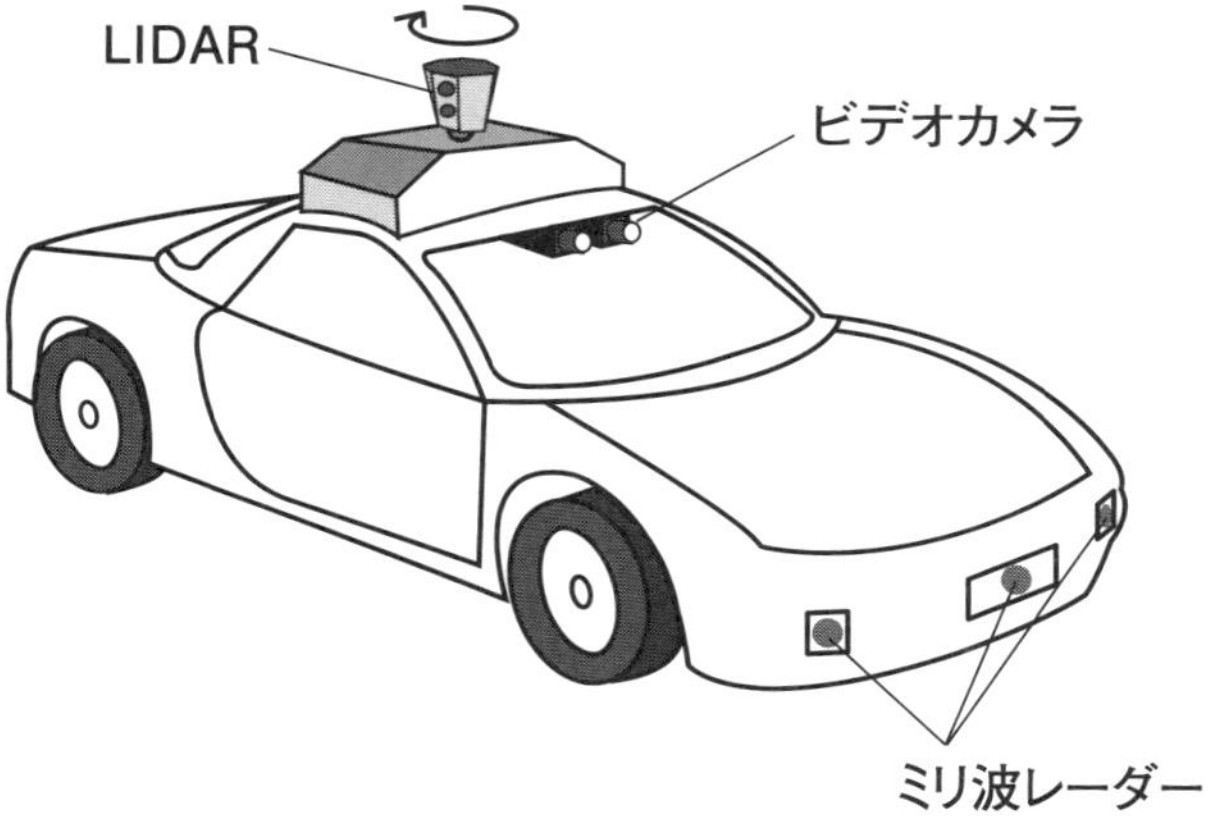

り深刻な問題と言えるだろう。

この点をご理解頂くために、以下、若干の紙幅を割いて、自動運転車の基本的な装備や動作原理を解説していきたい。

一般に自動運転車の車体には、外界の状況を把握するための各種センサーが搭載されている（図4）。代表的なものには、「ビデオカメラ」や「ミリ波レーダー」、さらに「レーザー・レンジ・ファインダー」などがある。また従来の車のナビゲーションに利用されている「ＧＰＳ（Global Positioning System：全地球方位システム）」も、自動運転に必須のセンサーとなっている。

これらのうちビデオカメラは、自動運転

車のフロントガラスの辺りに複数台設置されて、外界を立体的に把握する「ステレオ・カメラ」として使われるケースが多い。これによって対象物（他の車、歩行者、障害物など）の形状、そこまでの距離や奥行きなども測定できる。測定可能距離は約二〇〇メートル。

ミリ波レーダーは、文字通り波長が一―一〇ミリメートル程度の電波を照射し、それが対象物に反射して跳ね返ってくる「反射波」を捕捉することによって、対象物までの距離や方向を測定し、そのサイズなども把握できる。測定可能距離は一〇〇―二〇〇メートル。

レーザー・レンジ・ファインダーは別名「ＬＩＤＡＲ（Laser Imaging Detection And Ranging）」とも呼ばれる。これから照射されたレーザー光が対象物に反射して跳ね返ってくる光（反射光）を捕捉することにより、対象物までの距離や、その形状を測定できる。原理的には（ミリ波）レーダーと同じだが、両者の違いはＬＩＤＡＲの場合、（レーダーのような）電波ではなくレーザー光を使う点にある。

因みに「電波」と「（レーザー光のような）光波」つまり「光」は、物理的には「電磁波」という同一の枠組みに入る。この大きな枠組みの中で、波長の比較的長い電磁波は「電波」、逆に波長の短い電磁波は「光波」に分類される。実際、ＬＩＤＡＲに使われる赤外線レーザー光の波長は約七〇〇―九〇〇ナノメートルと、ミリ波レーダーに使われる電波の波長の一〇〇〇分の一程度だ。

各種センサーには、それぞれ長所と短所がある。まずビデオカメラは「歩行者」や「自転車」「電柱」など、対象物の形状を識別できる点が大きな長所だ。その一方で、人間の目と同様、夜間はライトがなければ全く使えないし、雨や霧、雪など悪天候で視界が遮られる場合も役に立たず、この点が最大の短所と言える。

一方、ミリ波レーダーは「夜間や悪天候でも使える」という長所の反面、「対象物の形状を認識するのが苦手」という短所も併せ持つ。また対象物が金属の場合には認識できるが、歩行者（人間）や街路樹のような非金属は認識できない。

これに対し、LIDARでは歩行者など非金属も認識できる。また分解能（各種測定器による識別能力の限界を示す指標）がビデオカメラやミリ波レーダーなどより高いため、対象物の形状も正確に把握できる。が、一方で測定可能距離が五〇—一〇〇メートル程度と比較的短い。またビデオカメラと同様、悪天候に弱いが、（ビデオカメラとは対照的に）暗闇でも使える。

以上のように、各種センサーにはそれぞれ長所と短所があるので、これらを組み合わせて使えば、互いの弱点を補い合うことにより、自動運転車の周囲を隈《くま》なく把握できる。ただし、そこにはコスト面での制約が伴う。つまり車体に搭載されるセンサーの種類や数が多くなるほど、自動運転車の開発・製造コストも増すことになる。

このため自動運転の種類や目的に応じて、車体に搭載される各種センサーの構成を必要最小限に抑えることが求められる。たとえばテスラの「オートパイロット」のような半自動運転の場合、コストを抑えることを優先して、比較的簡素なセンサー構成になる。一方、グーグルが目指しているような完全自動運転の場合、できる限り高い安全性を確保するために、より高性能なセンサーを多数搭載する必要がある。

中でも各社による差別化のカギを握るのはLIDARである。LIDARはミリ波レーダーやビデオカメラなどと比べて測定可能距離は短いが、数センチメートル単位で周囲の物体との距離を測定し、車体の周囲三六〇度をカバーする詳細な3D（立体的）マップを作成できる。これは完全自動運転を実現する上で必須と見られている。因みに、（少なくとも二〇一六年五月の事故を起こした当時の）テスラ「モデルS」にはLIDARが搭載されていないが、グーグルや世界の主要メーカーが開発中の完全自動運転車には、この高性能センサーが必ず搭載されている。

現時点におけるLIDARの最大の問題は、その価格だ。これまで自動車の自動ブレーキにもＬＩＤＡＲが使われてきたが、これは前方車両との距離を測るためだけの簡素な仕様で、値段も数百ドル（数万円）と比較的安い。

これに対し自動運転に使われるＬＩＤＡＲは、多数のレーザー発振器を装着した円柱型ヘッドを高速回転させ、車の周囲三六〇度にわたって、歩行者や障害物など様々な物体の形状や、そこまでの距離を測定する高度な仕様で、その価格も数万ドル（数百万円）と高い。

従って、この高額なＬＩＤＡＲを自動運転車の部品として採用することは（少なくとも現時点では）無理がある。しかし完全自動運転車が製品化されるであろう二〇二〇年以降には、ＬＩＤＡＲの価格は数千ドル（数十万円）—数百ドル（数万円）程度まで下がると予想されている。となると、近い将来実現される自動運転車には、ＬＩＤＡＲが搭載されている可能性は極めて高い。

他にも車の周囲三六〇度にわたる３Ｄマップを作成する「超音波センサー」や、タイヤの回転数を計測することで車の走行距離を算出する「ＤＭＩ（Distance Measuring Instrument：走行距離計）」、さらにはタイヤのホイールに取り付けられ、車体の上下動や細かい振動を計測する「振動センサー」など、実に多彩なセンサーが自動運転車に使われる部品として用意されている。

これらをどう組み合わせて使うかは、車の開発・製造コストとの兼ね合い、そしてメーカーやそこで働くエンジニアの設計思想にかかっている。たとえばテスラ「モデルS」には、車体周囲の3Dマップを作成するために、（前述のように）高額なLIDARの代わりに、安い超音波センサーが搭載されている。

LIDARによる測定可能距離は五〇—一〇〇メートルだが、超音波センサーでは五メートルと極端に短い。つまり超音波センサーでは、車体のごく近辺しか把握できない。

テスラのオートパイロットは、基本的にはドライバー（人間）が運転の主体となる「限定的な自動運転」であるため、「至近距離をカバーするだけなら、安い超音波センサーでも事足りる」と設計者らが考えた結果だろう。逆に遠く離れた場所にある物体や移動体を捉えるためには、モデルSはビデオカメラやミリ波レーダーに頼るしかない。

自動運転の基本原理

以上、多様なセンサーが自動運転車の「目」や「耳」など感覚器官に当たるとすれば、これらから入ってくる情報、つまりセンサーが計測した各種データを処理して、「歩行者や他の車、障害物などとの衝突を避けて、安全な進路を決定する」など知的な情報処理を行うのは、自動運転車に搭載されたＡＩの役目だ。

その基本的な原理を以下、簡単に見ていこう。

現在、グーグルやテスラをはじめ、世界中の企業や大学などが開発中の自動運転技術は、大きく次の四つのプロセスに分けて考えることができる。

（1）自己位置推定（Localization）

自動運転車がＧＰＳやＬＩＤＡＲなど各種センサーを使って、自分が今いる場所（現在地）をできる限り正確に推定する。

（2）外界認識（Tracking）

自動運転車が各種センサーを使って、自分の周囲にいる歩行者や他の車など様々な移動体の現在地をできる限り正確に推定する。

（3）行動計画（Motion Planning）

自動運転車が（ユーザーの要求に従って）今いる地点から目的地まで移動するためのルート（経路）を決める。

（4）車体制御（Body Control）

（1）―（3）の情報に従い、自動運転車が周囲の移動体や障害物などにぶつからないよう、自らの車体を制御しながらスムーズに移動する。

行動計画にはルール・ベースAI

以上のような自動運転技術は、（第一章で簡単に紹介した）これまでのＡＩ研究の集大成とも言える技術である。

たとえば（3）の「行動計画」には、一九五〇―八〇年代までＡＩ研究の主流だった「ルール・ベース（記号処理型）のＡＩ」が使われている。

ルール・ベースＡＩには様々な具体例があるが、中でも自動運転の行動計画に使われているのは「Ａ＊（エイ・スター）」（図5）と呼ばれるアルゴリズムだ。それは次のような手続きに従う。

自動運転車が現在地から目的地までの最短経路を見つけようとする場合、当然、地図情報が必要だ。どんな地図でも広大な現実世界を反映した複雑な道路情報が記載されているが、これをどんどん細かい領域へと分割し、個々の領域を思い切って抽象化したものが図5に示したブロック図だ（元々の地図は、このようなブロック図を多数つなぎ合わせたものと思えばいい）。

このブロック図では、黒く塗り潰された部分が住宅やビルなど（車にとって）何らかの障害物に該当し、それ以外の白い空白部分が地図上の道路（つまり車が移動できる領域）に該当する。ここまで地図情報を抽象化してやると、コンピュータが処理し易い「シンボリック（記号的）な形式」に変換できたことになる。

ここで車の動きは、「前（Down＝D）」「後（Up＝U）」「左（Left＝L）」「右（Right＝R）」の四種類の動き（記号、ルール）で記述される。こうすると出発点から目的地までの経路探索は、この四種類の動きを交互に組み合わせながら、一種しらみ潰し的に白い空白部分を埋めていく情報処理へと変換できる。

また、その際、この経路探索を効率化するために、「目的地から距離的に遠い領域は探

図5　自動運転車の行動計画（ルート探索）に使われる「A*アルゴリズム」

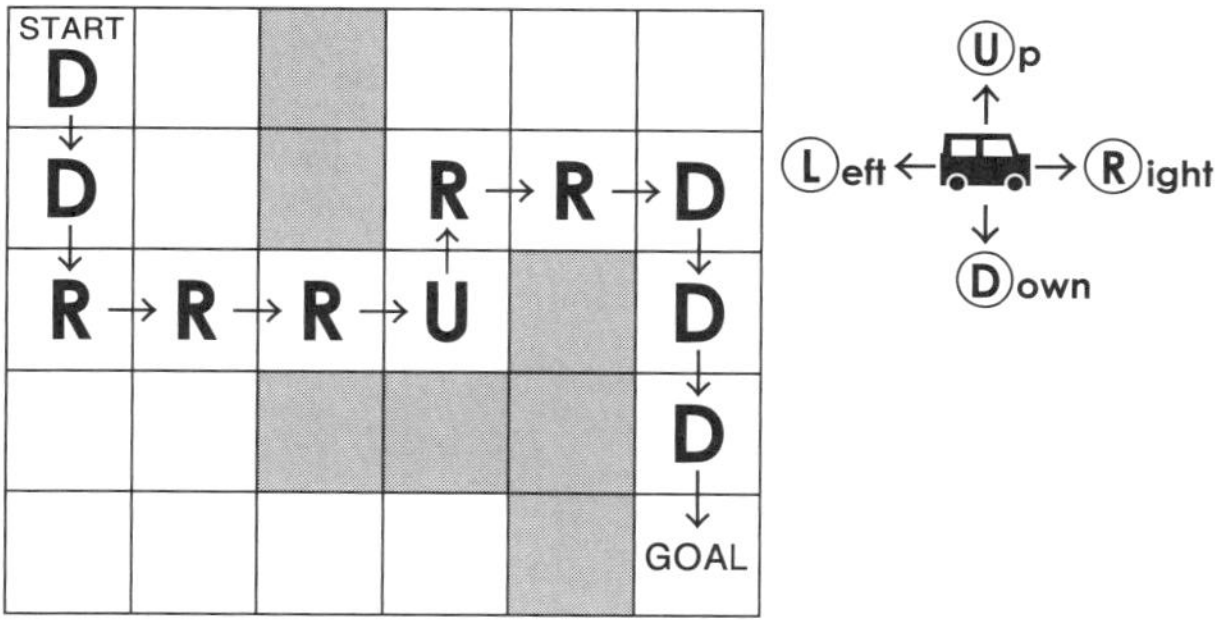

出典：Artificial Intelligence for Robotics, Sebastian Thrun, Udacity

索の優先順位を下げる」という補助的ルールも追加する。これらのルールに従い、最も少ない移動回数で目的地に到達する組み合わせ（図5ではD↓D↓R↓R↓R↓U↓R↓R↓D↓D↓D）が求めていた最短経路となる（容易にお分かりになると思うが、正解は他にもある）。

　以上がA＊アルゴリズムの概要だが、ここに見られるように「地図」などオリジナル情報をコンピュータが処理し易い形式へと抽象化し、これを一連のルール、ないしは記号を使って処理していく。これが「ルール・ベースのAI」、あるいは「記号処理型のAI」などと呼ばれる古典的な人工知能の特徴だ。

　実は、このルール・ベースAIは「例外と

偶然に満ちた現実世界には対応できない」という深刻な問題を抱えていた。このため、この問題が誰の目にも明らかになった一九八〇年代後半からAI研究は廃れ、いわゆる「AIの冬」と呼ばれる停滞期が一〇年以上にわたって続いた。また、その後九〇年代後半から徐々に復活してきたAIは、（後述する）統計・確率型手法が主流になっていた。

しかしルール・ベースAIは完全に消滅したわけではない。その一例であるA＊アルゴリズムは今でもカーナビのルート探索に使われるなど、現役で活躍しているソフトウエア技術である。ここまで見てきたように「地図を基に、目的地までのルート（経路）を探索する」といった目的であれば、ルール・ベースAIでも十分間に合うのだ。

なぜなら、そうした経路探索は「地図」という一種の概念を操作する、記号的な手続きに過ぎないからだ。そこではキッチリとした決まりに従うルール・ベース（記号処理型）のAIが力を発揮できる。そして、この技術が（前述のように）自動運転の「行動計画」でも使われているのだ。

逆にそれが通用しないのは、車が不確定要素に満ちた現実世界に対応しなければならないときだ。そこでは固定的なルールよりも、柔軟で融通の利く統計・確率に従うAIが必要とされる。それを以下で解説していくことにしよう。

センサー情報を処理するには統計・確率型AI

（3）の「行動計画（ルート探索）」と共に、自動運転車は（停車中、あるいは走行中を問わず）常に自らの現在地を正確に把握しておかねばならない。これは（1）の「自己位置推定」に該当する。

このためには当然、（従来の車の）カーナビ同様、GPSが使われるが、それだけでは不十分だ。なぜなら地上から高度約二万キロの宇宙空間を周回する人工衛星から送信される電波に頼ったGPSでは、自己位置測定において、かなりの誤差が生じるからだ。それは大体、数メートルから一〇メートル程度の誤差になる（また高層ビル街など電波が届き難い地域では、車は自分の居場所を全く知ることができない）。

仮に、こんなに大雑把な位置情報に依存してしまえば、自動運転車は道路の車線を大幅にはみ出して、ときには対向車線に侵入したり、ガードレールを突き破って崖から落ちてしまうだろう。逆に言うと、自動運転車が本来の車線をきちんとキープして安全に走行するためには、測定誤差を最悪でも一〇センチ程度、できれば二センチ以内に抑える必要がある。

そのために使われるのが、既に紹介した「ミリ波レーダー」や「レーザー・レンジ・ファインダー」など、より高精度の各種センサーである。ただし、これらセンサーをもってしても位置測定には、ある程度の誤差が生じるのはやむを得ない。このように誤差を伴う情報に対処するには、前述のような杓子定規《しゃくしじょうぎ》のルールに従う古典的なＡＩでは歯が立たない。

そこで使われるようになったのが、センサーで測定された位置データを統計・確率的に処理する人工知能だ。それは詳細な地図情報とセンサーによる測定データを照合させる方式に従っている。その基本的な原理を以下、図6を使って説明する。

この図は自動運転車（一種のロボット）が、ちょうど長屋のような建物のすぐ脇を端から端まで移動する過程で、自分が今いる場所（自己位置）を認識（正確に推定）するまでのプロセスを示している。

この長屋には三ヵ所に、それぞれ全く同じ形をしたドアがあり、これがロボットにとって、ちょうど目印のような存在となっている。そしてロボットの記憶装置には、あらかじめ、この長屋のどの位置にドアが付いているかを示す（一種の）地図情報が保存されている。

図6　自動運転車（ロボット）が右方向に移動しながら
自分の現在地を特定するプロセス

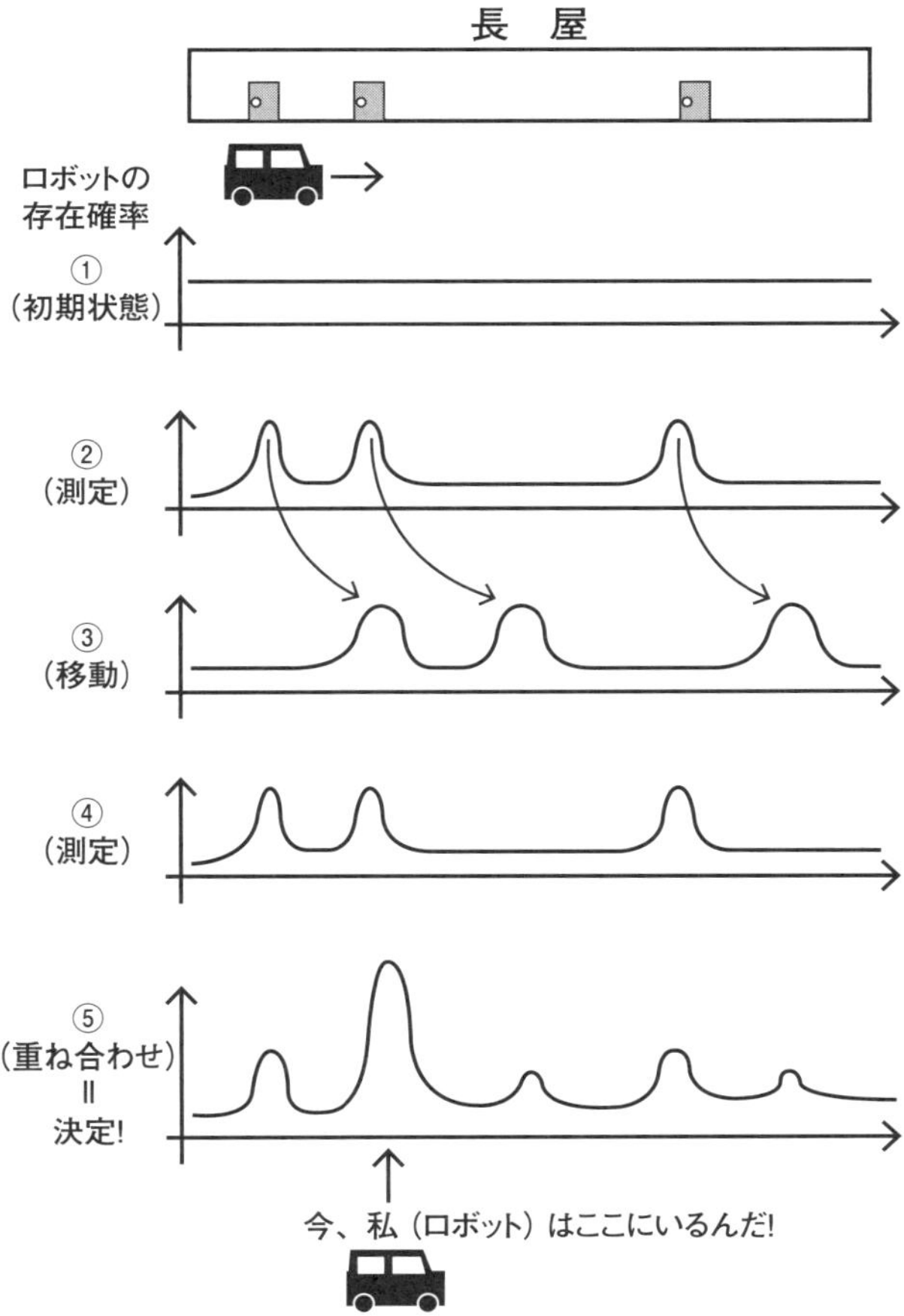

出典：Artificial Intelligence for Robotics, Sabastian Thrun, Udacity

まず最初の段階（初期状態）ではロボットは今、自分が長屋のどの辺りにいるのか全く分からない。この状態は、図6の①のようになる。このグラフの横軸は（長屋のどの辺りにいるかを示す）位置座標、縦軸はロボットがある位置にいる確率である。初期状態では、ロボットは今、自分がどこにいるか全く知らないので、どの位置にいる確率も等しい。結果、それを示すグラフ①は水平な直線になる。

次に、ロボットは自分のセンサーを使って測定する。このときたまたま、ロボットがドアの前にいたとすれば、センサーによって、それを知ることができる。ここでロボットは自分の記憶装置に保存された地図情報と照らし合わせ、自分が三つあるドアの、いずれかの前にいることを知る。それを示すグラフ②は「三つのピーク（確率の山）」を持った形になる。なぜなら、ドアの形はどれも全く同じなので、これだけの情報では「三つあるうちの、どのドアなのか」までは特定できないからだ。

次にロボットは右方向に移動する。ロボットには走行距離計が付いているので、自分がどれだけ移動したか分かる。これに従い、現在地の候補と見られる三つのピークも、ロボットが移動した分だけ右にシフトする。この様子を示したのがグラフ③だ。

ここでロボットは再度、センサーを使って測定する。すると幸運にも、またもドアの前にいたので、ロボットはセンサーからの情報によって、それを知ることができる。これによってグラフ②と全く同じ、三つのピークを持ったグラフ④を得る。

ここでロボットはグラフ③と、再測定で得たグラフ④を重ね合わせる。すると左から二番目のドアの前にいることを示す確率だけが頭抜けた形のグラフ⑤を得る。これによってロボットは「自分が今、いるのは、二番目のドアの前である確率が極めて高い」と判定する。つまり、ロボットはついに自分の現在地を（あくまで確率的にではあるが）認識できたのだ。

ここまでの記述から、貴方（読者）は「ロボットが移動したとき、たまたま、その前にドアがあったのは幸運に過ぎない。もし運悪く、ロボットが他の位置にいたら、上手くいかないじゃないか！」と思われるかもしれない。しかし現実世界には、このドアのような目印となるものが沢山あるので、そのいずれかを組み合わせて使えば、このような方法で自己位置を十分、特定できるのだ。

以上のプロセスは「モンテカルロ・ローカライゼーション（Monte Carlo Localization）」あるいは「マルコフ・ローカライゼーション（Markov Localization）」などと呼ばれる。改めて言うまでもなく「モンテカルロ」はカジノで有名なモナコ公国の一地区であり、「マルコフ」は確率論で大きな業績を挙げたロシアの数学者アンドレイ・マルコフ（一八五六―一九二二年）に由来する。

これらの呼称もまた、自動運転車（ロボット）が自分の現在地を知るため、確率的な手法を採用していることを示している。また、この自己位置推定の技術は、第一章で紹介した「隠れマルコフ・モデル」と呼ばれる確率論をロボット工学に応用したものだ。

この種の理論は通常、非常に複雑で難解な数式によって表現されるが、もしも貴方が図6を見ただけで、これが何を意味するのかピンとくれば、それは貴方が「隠れマルコフ・モデル」を直観的に理解したことを意味する。

ベイズ定理とは何か

こうした確率的なAIのベースには「ベイズ定理（Bayes' theorem）」がある。これは一八世紀に英国の牧師にして数学者でもある、トーマス・ベイズが考案した確率論である。ベイズ定理は、最初に「正しく判断するための情報がほとんど無い状態」で適当に決めた確率（事前確率）を、ある種の実験や測定、あるいは観測などを通じて、より精度の高い確率（事後確率）へと改良するための定理だ。それは次のような、たった一行の数式で

$$P(A|B)=\frac{P(B|A)P(A)}{P(B)}$$

表現される。

この式の右辺にあるP(A)が「事前確率」、左辺にあるP(A|B)が「事後確率」である。また、右辺には(P(B|A)÷P(B))という別の項もある。これは若干複雑な項だが、非常に簡単に言ってしまうと、「何らかの実験、測定、あるいは観測などによって、私達にもたらされた新しい情報(つまり実験や測定の結果)」を意味する。

従って上のベイズ定理を、純粋な数式ではなく、敢えて普通の言葉に近い形に書き直すと、次のようになる。

事後確率＝(実験・測定・観測などの結果)×事前確率

まさに「最初は適当に決めた不正確な確率(事前確率)から出発し、これを何らかの実験や測定、観測などによって、もっと正確な確率(事後確率)へと改良していこう」という考え方だ。これがベイズ定理(ベイズ確率)のポイントである。

このベイズ定理は、私達人間の考え方に極めて近い確率論だ。私達は普段、ほぼ無意識のうちに確率を計算しているが、それはベイズ理論では「主観確率」と呼ばれる。主観確率とは、文字通り人間の主観に基づく確率だ。

たとえば貴方が、誰か知らない相手とテニスの試合をするとしよう。試合前、貴方は恐らく心の中で「自分が、この人に勝つ確率は七〇パーセントだな」と確率を計算しているはずだ。

「では、その根拠は？」と聞かれると答えに窮する。根拠など、ほとんどないからだ。単に「この人、今日は顔色が悪そう。体調が悪いんじゃないか」といった程度の、いわば勝手な主観に基づいて確率を見積もっている。これが主観確率で、前述のベイズ定理における「事前確率」に該当する。が、これでは正確な確率とは言えない。

そこで貴方は試合をする前に、ウォーミングアップも兼ねて相手と軽くボールを打ち合ってみる。これがベイズ定理における「実験や測定」に該当する。これによって相手の力量がある程度摑《つか》めるので、「この人、思ったより強いな。自分が勝つ確率は六〇パーセント」と確率が修正される。これがベイズ定理における事後確率で、単なる主観確率よりは若干、正確な値になっている。

前述の「モンテカルロ・ローカライゼーション」、つまり自動運転車のようなロボットが移動しながら、自分の現在地を推定する技術にも、まさにこのベイズ定理が使われている。

89ページの図6には、その様子が示されている。この図で③と④のグラフを重ね合わせると、「ロボットが二番目のドアの前にいる確率」だけがひときわ突出したグラフ⑤になる。直観的に考えると当然だが、ロボットやＡＩには直観がない。だから、この重ね合わせによるグラフの変化を数学的に導き出すために、ベイズ定理が使われているのだ。

周囲の移動体を把握するには

ベイズ定理は、前述の自動運転用のＡＩを構成する四つのプロセスのうち、（２）の「外界認識」にも使われている。

外界認識とは、自動運転車が自身の周りにいる（他の車や歩行者など）移動体の居場所をできるだけ正確に推定するための技術だ。この技術は「カルマン・フィルター（Kalman Filter）」と呼ばれるが、これもまた「隠れマルコフ・モデル」の一種だ。

カルマン・フィルターでは、自動運転車の周りにいる移動体の場所を、いわゆる「正規

図7　自動運転車が周囲の移動体の居場所を把握するために使う正規分布曲線

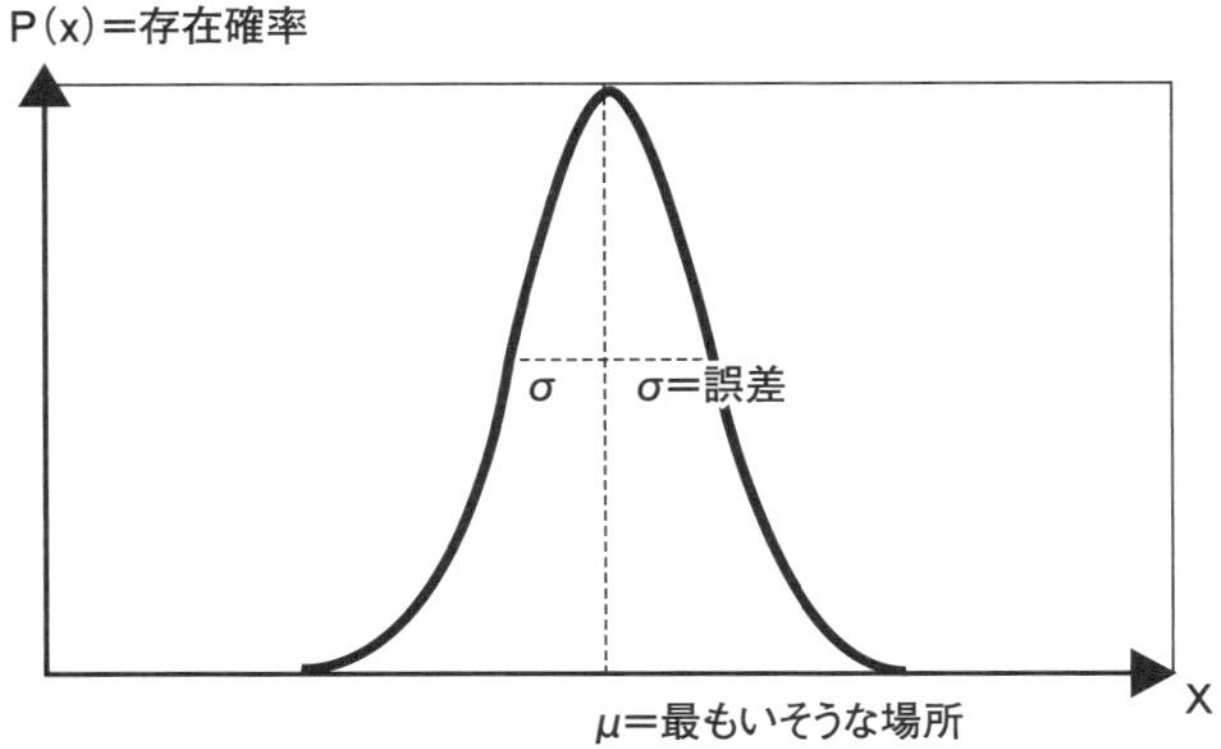

分布曲線（Gaussian）」を使って表現する（図7）。現実世界は言うまでもなく三次元だが、図7では簡略化のためX座標だけ、つまり一次元の世界で表現している（この図は二次元のXY座標を採用しているが、縦軸のY座標は移動体の存在確率を示しており、移動体の位置を示す横軸のX座標は一次元だ）。

このグラフ（正規分布）における平均値μ《ミュー》が、周囲の移動体が最もいそうな場所、つまり存在確率が最も高い場所を指す。そして正規分布における標準偏差σ《シグマ》が、（自動運転車に搭載された）各種センサーでそうした移動体の居場所を測定した際の誤差を示す。

言うまでもなく、測定誤差σが小さければ

ば小さいほど、自動運転車は周囲の移動体の居場所を正確に把握していることになるので、より安全に走行できる。しかし自動運転車がセンサーを使って、最初に一回、周囲を計測しただけでは、誤差σは大き過ぎて危ない。

そこで（車載ＡＩである）カルマン・フィルターは、もう一度センサーで外界を測定し、そこにベイズ定理を適用することによって、より精度の高い事後確率を得る。これはとりもなおさず、図7における測定誤差σを小さくする作業に該当する。

カルマン・フィルターは、この作業を目にも留まらぬ速さで繰り返すことによって、誤差σをどんどん小さくしていく。そして誤差σが十分に小さくなったと判断した時点で、カルマン・フィルター（自動運転車）は次のアクションを起こす。つまり「他の移動体が最もいそうな場所（μ）を迂回して進む」といった行動に出るのだ。

以上のような確率的判断こそが、テスラやグーグル、さらには世界の主要メーカーが開発を進める自動運転車の最大のポイントである。それは各種センサーで測定した位置情報などビッグデータを統計的に処理することから、「統計的なＡＩ」とも呼ばれる。

図8　理論と現実のギャップに起因するファットテール問題

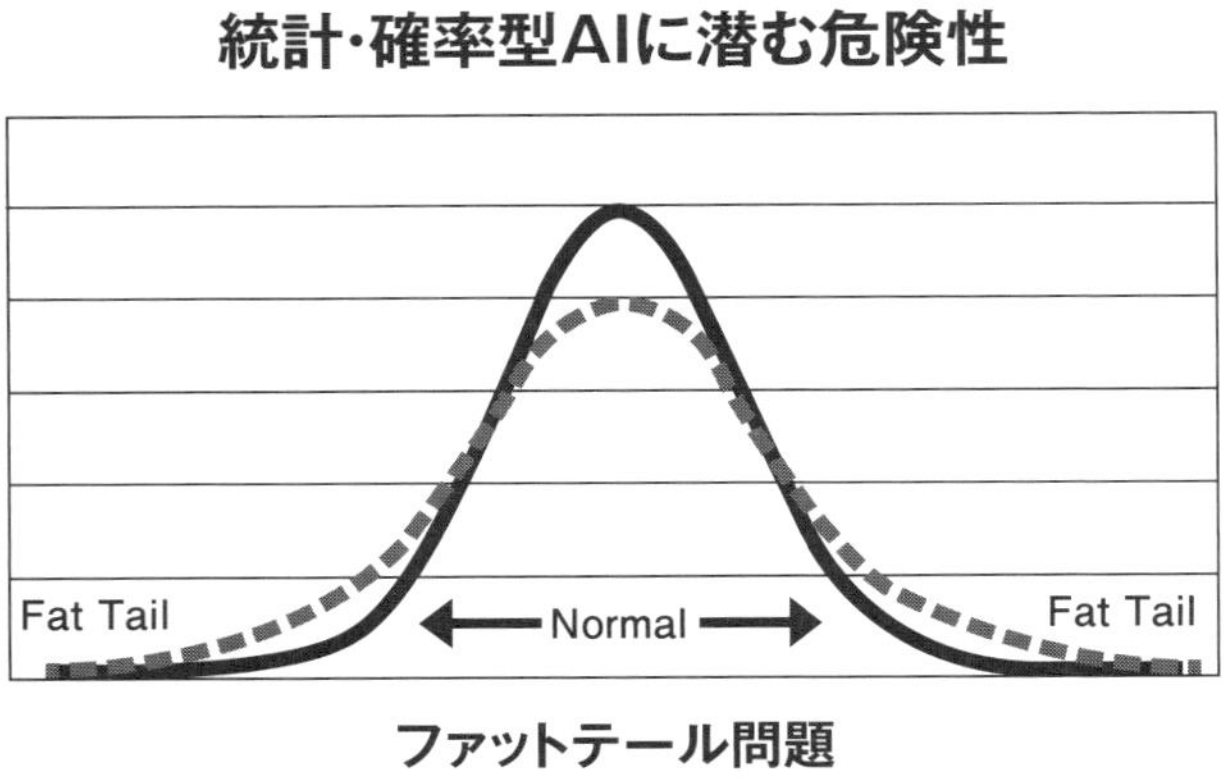

確率的なAIの陥穽《かんせい》——ファットテール

　しかし、そうした「統計・確率的なAI」は原理的な問題を抱えている。それは「ファットテール（Fat Tail）」と呼ばれる現象だ（図8）。

　ファットテールは「理論と現実との微妙だが、極めて重大なズレ」を意味する概念だ。私達の世界で起きる確率的な事象を表現するためには、一般に（前述の）正規分布曲線が使われることが多い。つまり正規分布曲線とは、この世界を確率的に記述するための理論である。

　ところが私達が普段生きている現実世界は、この正規分布曲線からは微妙にずれている。この微妙な違いは釣鐘型に広がる曲線の端（テール）の部分で示される。

これについて図8を使って説明すると、実線の正規分布曲線（理論）では端の部分の確率は限りなくゼロに近い。つまり「事実上は起こり得ない事象」とみなされる。

これに対し実際の確率的事象を表現する曲線は、実は点線の曲線であることが経験的に知られている。この曲線の場合、端の部分の確率がゼロよりも、かなり大きい。

つまり「正規分布（理論）上は起こり得ない」とされることが、現実世界では意外に高い確率で起きるのだ。このように端（テール）の確率がゼロより十分大きく、視覚的には厚み（太さ）を帯びて見えることから、現実世界を記述する点線の曲線は通称「ファットテール（太い端）」曲線と呼ばれる。

以上のような「理論（正規分布）と現実（ファットテール）とのズレ」がしばしば問題となるのは世界的な金融市場である。そこで取引される「デリバティブ」など複雑な金融商品は、「ブラック・ショールズ方程式」など、いわゆる金融工学によって開発されている。

この金融工学は正規分布曲線を理論的な礎にしているが、前述の通り現実世界はファットテール曲線に従っている。両者のズレが、周期的に発生する世界的な金融恐慌の原因となっている。

たとえば二〇〇八年に世界の金融市場を崩壊させた「リーマン・ショック」は、米国における「サブプライム・ローン」の破綻を引き金に起きた。サブプライム・ローンとは低所得者向けの住宅ローンで、二〇〇一—〇六年における住宅価格の高騰を背景に、いわゆる「証券化」と呼ばれる手続きを経て、全世界で大量に販売された。

このサブプライム・ローンが破綻するような事態は（正規分布に従う）金融工学上は「一〇〇万年に一度の事象」とされていた。つまり正規分布曲線のテール部分に位置する、「（確率ゼロに限りなく近い）実際には起こり得ない事象」と仮定されていたのだ。しかし実際には起きてしまった。

あるいは一九九八年、米国の巨大ヘッジファンド「ＬＴＣＭ（Long Term Capital Management）」の破綻を引き起こした「ロシアのデフォルト（債務不履行）」、さらには一九八七年の「ブラック・マンデー」など、いずれも金融工学（正規分布）上は「一〇〇万年に一度」しか起きないような異常事態が、実際には「一〇年に一度」くらいの確率（ファットテール）で起きている。これが世界的な金融恐慌を周期的に引き起こす主な要因となっているのだ。

さて、ここで問題となるのは、自動運転車も正規分布曲線をベースとする確率的な状況判断を行っている以上、原理的には「金融市場の破綻」のような深刻なトラブルに見舞われることが、（ある程度の確率で）免れ得ないということだ。

テスラ車の事故もファットテールで説明できる

本章の冒頭で紹介したテスラ「モデルS」のオートパイロットが引き起こした死亡事故も、実はこの「理論（正規分布）と現実（ファットテール）とのズレ」で説明できる。

それを理解するためには、もう一度、この事故の様子を示した（65ページの）図1を見直して欲しい。ここから見て取れることは、この高速道路の構造が、かなり特殊であるということだ。私達日本人から見ると、「異常」と言ってもおかしくない。なぜなら高速道路がT字路で、いきなり別の道（図1ではNE 140th Court）へと分岐しているからだ。

こんなことは日本の高速道路ではあり得ない。つまり高速道路から直角に曲がる道路へと分岐するときは、必ず立体交差となっているはずだ。ところが図1から明らかなように、米国では同一平面上でT字路を形成する、異常な構造の高速道路が（それほど頻繁にではないが）実際に存在するのだ。これがまさにファットテールに該当する事態だ。

今回のケースで言えば、車がびゅんびゅん行き交う高速道路で、対向車線のトレーラーがいきなり左折して目の前に立ちふさがる。こんなことは正規分布曲線では、テール部分の「限りなくゼロに近い確率」の事象である。つまり最初から「理論的には、あり得ない事態」として準備していなかったので、（現実世界のファットテール曲線に従って）そうした異常事態が実際に起きてしまったとき、テスラ車は高速で直進を続け、左折するトレーラーの側面に突っ込んでしまったのだ。

以上をまとめると次のようになる——（完全、あるいは限定的を問わず）現在の自動運転機能のベースとなっている統計・確率的ＡＩでは、現実世界において「それほど頻繁にではないが、それでもゼロよりは十分高い確率で発生する異常事態」には対応できない。従って、ある程度の頻度（確率）で事故が発生するのは原理的に不可避である。

制御の環に人間を入れるか？

この宿命的な問題に対し、自動運転車を開発するメーカー側はどう対応すればいいのか？

一つの方法は、テスラあるいは世界各国の自動車メーカーのように、「自動運転はあくまで運転支援機能の一種」と位置付け、「運転の主導権はあくまでドライバー（人間）側にある」とあらかじめ断って提供することである。

この場合、ドライバーは自動運転時にも常に周囲への注意を怠らず、何か非常事態（これが前述の「ファットテール」に該当する）が発生したときには自動運転から制御権を取り返して、ドライバー（人間）が車を運転しなければならない。

こうしたスタイルは、（第一章で紹介した）「Human in the Loop（制御の環に人間を含む）」と呼ばれる。ただ、これは私達ユーザーの立場から見ると、正直、本来の役割の放棄という印象を受ける。

つまり「ドライバーが常に周囲への注意を怠らず、何らかの非常事態にはすぐに対応できるような態勢を整えておかねばならない」としたら、そもそも一体何のための自動運転なのか？ むしろ、そうした対応の難しい非常事態（ファットテール）にこそ、（本来であれば人間による運転よりも安全とされる）自動運転、つまり人工知能がドライバーに代わって適切に対応してくれる。これこそ自動運転本来の目的ではなかったのか？

また、ここまで「統計・確率型ＡＩではファットテール（非常事態）に対応できない」と強調してきたが、逆に「人間なら対応できる」という保証があるわけではない。たとえばテスラ車が遭遇した図1のような事態に、人間のドライバーが適切に対応できたかどうかは怪しい。

たとえ、そのドライバーが（テスラの定めた使用規則に従って）オートパイロット使用中に「ハンドルに軽く手をかけ、周囲への注意を怠らなかった」としても、今回のような異常事態においては（オートパイロット同様）、事故を起こしていた可能性は十分ある。

結局、平時の容易な運転は自動運転（機械、ＡＩ）に任せ、非常事態における困難な運転はドライバー（人間）に任せるようでは、自動運転の存在価値が著しく失われるばかりか、むしろ危険であると言わざるを得ない。

一方、これと対照的なアプローチは、グーグルが開発を進めている「完全自動運転」である。同社が二〇一五年にお披露目したテントウムシ型の小型自動運転車（試作車）では、ハンドルもアクセル／ブレーキ・ペダルも排除され、搭乗者（ユーザー）は車の制御権を完全に奪われた。これはまさに「Human out of the Loop（制御の環から、人間を排除する）」の典型である。

今から振り返ると意外な印象を受けるかもしれないが、グーグルが二〇〇九年頃、本格的に自動運転技術の開発を始めた当初は、むしろ現在のテスラ（や、他の自動車メーカー）のように、「Human in the Loop」の方式に傾いていた。ところが、その後、グーグルが実際にそうした半自動運転車に自社の従業員を試乗させ、車内に取り付けたビデオカメラでその運転の様子を撮影・観察したところ、ドライバーはありとあらゆる想定外の行為に耽っていた。

つまり「自動運転中でも周囲への注意を怠らない」など、あらかじめ定められたルールを無視し、運転席から後部座席に移動したり、果ては同乗者にキスしたり、身体を愛撫するといった実にひどいケースが多発したという（"Robot Cars Can't Count on Us in an Emergency" John Markoff, *The New York Times*, June 7, 2017より）。

これを見たグーグルは「Human in the Loop」、つまり「中途半端に人間（ドライバー）に頼ること」はむしろ危険と判断し、「Human out of the Loop」、つまり人間を制御の環から外して車（機械）に全ての制御権を移譲する方式へと切り替えたのである。

しかし、このやり方には前述のファットテール問題がつきまとう。つまり（カルマン・フィルターのように）確率的なＡＩでは、正規分布曲線から外れた異常事態には対応できない。この問題に対してグーグルが当面とった対策は、自動運転車が絶対に異常事態に巻き込まれないように、大事をとって「極端な安全策をとる」ということである。

だが、このやり方では致命的な事故は免れるかもしれないが、現実的な道路・交通事情に適応できないことが、その後のテスト走行の過程で分かってきた。

たとえばグーグルの自動運転車は高速道路を走行中に、周囲を走る車の流れに乗って走ることができない。つまりドライバーが運転する通常の車では、速度制限を多少オーバーしても、周囲を走る車の流れに合わせて柔軟に速度を上げ下げするのに対し、グーグルの自動運転車は徹頭徹尾、速度制限を遵守するので、周囲の車のスムーズな走行をむしろ妨げてしまう。

あるいは交差点における信号待ちのような状況では、たとえ信号が青になっても、（車が右側通行の米国では）対向車線から直進してくる車が全部いなくなるまで（左折しようとする）自動運転車は停車して待ち続けるので、何時《いつ》まで経《た》っても動かないことがある。結果、自動運転車の背後には他の車の長い待ち行列ができて、彼らからクラクション（horn）を鳴らされたり、ときには後ろから追突されるという事態に陥ってしまう。

ヒトと車の関係はどうあるべきか

以上を総合的に考えると、「Human in the Loop」と「Human out of the loop」のどちらが正解と言えるだろうか？　前者、つまりテスラの「オートパイロット」のような機能は、たとえば渋滞でノロノロ運転が続く高速道路での「居眠り運転」対策などに効果的と見られている。ただ、この種の半自動運転は、本来なら完全であるべき自動運転へと向かう中途段階、つまり「未完成の自動運転」と見るべきであろう。

なぜなら、それはドライバーに多大な負荷を強いることになるからだ。つまり「高速道路なら（自動運転が）できるが、一般道では駄目」「晴れならできるが、悪天候の日は駄目」「道路コンディションが良ければできるが、悪いときは駄目」……これではドライバーが混乱したり、フラストレーションに陥ってしまう。

実はテスラだけでなく、日本や欧米の主要メーカーの中には、当初は高速道路など限定的な使用環境における半自動運転から実用化に入ると宣言している会社が多い。その主な理由としては、最初から完全な自動運転を実現するのは技術的ハードルが高過ぎるということがある。

しかし何より優先されるべきは、そうした業界側の事情ではなくドライバー（ユーザー）を守る安全性だ。この点について、「半」自動運転のように中途半端な仕様にすると、テスラのオートパイロットが引き起こしたような事故に結び付く恐れが十分ある。

実際、（前述したように）オートパイロットによる数十件の死傷事故を調査した米NHT

ＳＡが、「ドライバーの混乱」を事故の主な原因としている。また、それを危惧したからこそ、フォードなど一部メーカーは「最初から完全な自動運転車の製品化を目指す」方向へと方針転換したと見ることができる。

もちろん運転好きのドライバーは多数いるはずだから、自動運転と手動運転の両モードを用意することは必要だろう。そして、どれほど車の運転が好きな人でも、ときには疲労や体調不良などから運転をしたくないときがあるはずだ。

その場合には、たとえばボタン一つ押すだけで、あるいは声で車に命令するだけで「完全な」自動運転に切り替わる。それ以降は、ドライバー（ユーザー）が後部シートに移動し、そこで横になって熟睡してしまっても、車が無事に目的地まで送り届けてくれる（もちろん雪が降ろうと、嵐が来ようと、あるいは、どんな道でもお構いなしにだ）。

本来必要とされているのは、こうした「完璧な」自動運転機能のはずだ。技術的にこれを実現するカギは、自動運転車がファットテールのような異常事態に遭遇した際の、対応能力向上である。たとえば、既に高度プロセッサ・メーカーの米ＮＶＩＤＩＡ（エヌビディア）と独アウディが共同で、柔軟性に富む人工知能であるディープラーニングを自動運転車の中枢機能として搭載すべく研究開発を進めている。

彼らは「異なる物体の識別」といった従来の目的だけでなく、車の運転全てをディープラーニングに任せようとしている。

ディープラーニングでは、自動運転車のような機械がテスト走行などのデータを解析して自ら学ぶ「機械学習」の適応力が、単なる統計・確率型ＡＩより格段にアップする。このため、従来ならファットテールに該当する異常事態もあらかじめ学習し、対応できるようになると期待されている。

この自動運転と並んで、ディープラーニングのような先端ＡＩが盛んに導入されているのが、「断層画像の自動診断」や「病気の発症予測」など新たな高度医療の技術開発だ。が、そこにもやはり、医師（人間）を凌ぐほど強力な診断能力と表裏一体の脅威が潜んでいる。ＡＩの導入によって大きな変革期に入った新型医療の光と影を、続く第三章で見ていくことにしよう。

第三章　ロボ・ドクターの誤診

コンピュータが人間に勝るものは何か？　そう聞かれて誰もが頭に思い浮かべるのは、その圧倒的な情報処理能力、つまり大量のデータを高速で処理する能力だろう。

この並外れたマシンの力を今、医療分野に応用しつつあるのが、世界的なＩＴ企業のＩＢＭだ。彼らは膨大な数に上る医学論文を、同社が誇るＡＩコンピュータ「ワトソン」に読み込ませ、これを過去に比類なき医療エキスパートに育て上げようとしている（ＩＢＭはワトソンを「ＡＩ（人工知能）」ではなく「コグニティブ（認知）・コンピューティング」と呼んでいるが、世間一般の通念ではＡＩと呼んで構わないだろう）。

世界全体で発表される医学論文の数は二〇一六年だけで一二〇万本以上、累計では二六〇〇万本にも達するという（"Can Scientific Discovery Be Automated?" Ahmed Alkhateeb, *The Atlantic*, April 25, 2017より）。また現代医学と密接に関係する「生命科学」の分野では、年間で実に一五〇万本もの論文が発表されている。

これほど大量の文献を、一人の医師が読みこなせるはずがない。つまり癌をはじめ現代人を苦しめる様々な病気を、水も漏らさぬ最新の医学知識をもって理解し、あらゆる角度から見てベストの治療法を提案することは、所詮生身の人間に過ぎない医師の能力を遥かに超えているのだ。

しかしシリコン製のプロセッサと記憶装置、そして高性能の人工知能を搭載したワトソンにならそれができる。言わば、疲れを知らぬ「ロボ・ドクター」としての使命をＩＢＭから課せられたワトソンとは、一体どんなコンピュータなのだろうか？

ワトソンとは何か

「ワトソン」とは、ＩＢＭの「トーマス・Ｊ・ワトソン・リサーチ・センター」を中心とする基礎研究部門が開発した質疑応答用の大型コンピュータだ。それは私達人間のように言葉を理解して操ると共に、その能力を使って私達の様々な質問に答えてくれる（とされる）。

この種の能力、あるいは技術はＡＩの専門用語で「自然言語処理」と呼ばれる。これは伝統的なルール・ベースＡＩの流れを汲む技術だが、特にワトソンの場合、そこに（後述する）機械学習用の「統計・確率的なＡＩ技術」や「ニューラルネット」、さらには「ビッグデータの探索技術」などを組み合わせることで、いわば折衷型の人工知能となっている点が最大の特徴だ。

ワトソンは元々、米国で五〇年以上もテレビ放送されてきた人気クイズ番組「ジョパディ（Jeopardy!）」に出演し、伝説的な二人の歴代チャンピオンと対戦するために開発された（そのうちの一人ケン・ジェニングズ氏は七四回という最多連勝記録を持ち、もう一人のブラッド・ラター氏は四四六万ドルという最高賞金額を獲得している）。

このためにＩＢＭの開発チームはあらかじめ「聖書」「百科事典」「ウィキペディア」「新聞」「雑誌」「ブログ」等々、多彩なデータをワトソンの記憶装置に入力して学習させた。このようにコンピュータのような機械が大量のデータから学んで賢くなるための技術は、一般に「機械学習」と呼ばれる（詳細は後のディープラーニングのところで解説する）。

ジョパディ本番の対戦は二〇一一年二月一四─一六日の三日間にわたって行われ、結果はワトソンが二人の歴代チャンピオンに大差をつけての圧勝だった。その様子は全米に放送され、「自社の技術力を広くアピールする」というＩＢＭの狙い通りの結果となった。

この衝撃的な勝利から間もなく、様々な企業から「ワトソンを自分達のビジネスや業務に使えないか」という多数の問い合わせや要望がＩＢＭに殺到した。ここから約三年の歳月をかけて、同社はワトソンをビジネスに応用するための検証作業を幾つもの企業や大学と進めた。そして二〇一四年一月、事業化の目途が立ったとして、ＩＢＭは「ワトソン（コグニティブ・コンピューティング）事業部」を正式に発足させた。

以来、ワトソン事業部がカバーする分野は、「金融」「ヘルスケア」「メディア」「製造」など二五業種に及び、世界四九ヵ国でビジネスを展開している。日本でも金融機関のコールセンター業務などにワトソンが導入されている。その目的は従来のカスタマー・サポート係（オペレーター）をワトソンで代替することではなく、むしろ、そのアシスタント的な役割が期待されている。

たとえば、みずほ銀行は二〇一五年二月、横浜市神奈川区のコールセンターにワトソンと音声認識技術を組み合わせたシステムを導入。主にインターネット・バンキング関連の問い合わせを対象に、顧客とオペレーターの電話内容が音声認識で文字に変換され、テキスト化された問い合わせがワトソンに入力される。

ワトソンはそれを解析し、オペレーターが回答するために必要な各種情報をパソコン画面に表示。これを見ながらオペレーターが顧客に対応する。二〇一五年二月から五月まで、コールセンター内の一〇席で試験的に運用したところ、回答候補の上位五位以内の正答率は八五パーセントであった。その後、ワトソンに対応した席を二〇〇以上に拡大したという（「みずほ銀行のコールセンターに導入した『ワトソン』の正答率は？」栗下直也、日刊工業新聞ニュースイッチ、二〇一六年八月一五日より）。

ＩＢＭがワトソンを「ＡＩ（人工知能）」ではなく、敢えて「コグニティブ・コンピューティング」と呼ぶ理由が、ここにある。つまり従来の「ＡＩ」が、どうしても「高度な人工知能が人間の雇用を奪ってしまう」というネガティブなイメージを喚起してしまうため、それとは違う呼称を考え出したということだ。それによって、ワトソンは（このコールセンター業務のように）人間の敵ではなく、むしろ仲間だと伝えたいのである。

一般に「コグニティブ（cognitive）」という形容詞は、英和辞典では「認知の」あるいは「認識の」などと訳されているが、英語圏の人々はこの単語をもっと広義に「何かを知ったり、理解したり、学んだりするプロセス」という意味で使用している。つまり「コグニティブ・コンピューティング」とは「何かを学んで理解し、知識を広げる情報処理」である。

一方、ＩＢＭ自身はコグニティブ・コンピューティングを「人間が事細かな指示を出さなくても、システムが自ら必要なデータを取ってきたり、計算ロジックを最適化していくような仕組み」と定義している。これらを総合的に考え合わせると、ワトソンはやはり（ビッグデータと機械学習で成長する、現代の）「人工知能」と解釈して構わないだろう。

ＩＢＭはこの「ワトソン（コグニティブ・コンピューティング）」事業部を次世代の基幹ビ

ジネスと位置付け、同部門発足時の二〇一四年には約一〇億ドル（当時の為替レートで約一〇五〇億円）を投資。また当初二〇〇〇人からスタートした同事業部の人員は、二〇一六年には約一万人に達するなど、多大なリソースを傾注している。

凄腕の医師ワトソン

二五業種に及ぶワトソン関連事業の中でもスタート時から大きな期待を集め、今でも同事業部の主要部分を占めるのが「（医療を中心とする）ヘルスケア」だ。ワトソン事業部に所属する従業員全体の約三分の二は、ヘルスケア関連ビジネスに従事している。

元々、クイズ番組で勝つために鍛えられたワトソンの自然言語処理、つまり私達人間の言葉を理解して各種情報を操る技術は、医療分野への応用に最適と考えられた。たとえば医師からの専門的なリクエストに応じて大量の医学論文を検索し、そこから必要な情報を探し出してくる、といった用途である。

医療の世界では、新しい治療法や薬が続々開発されており、これらに関する専門的文献は五年間に二倍のペースで増えている。一方、現場の医師が、こうした新しい情報を入手するための勉強に割くことのできる時間は、平均して月に僅か五時間しかないと言われる。

どれほど賢く卓越した技量を持つ医師でも、最新の医療情報を知らなければ、患者に対する診断を誤ったり、ベストの治療法を見逃す恐れがある。しかし医学文献の情報量が膨大であるため、医師という一人の人間がその全てに目を通し、それを頭に叩き込むのは所詮不可能。そこでワトソンを使おう、というわけだ。

ただし、ここでもワトソンは人間（医師）を押し退ける存在ではなく、あくまでもサポート役に徹する。つまりワトソンが最新の医療情報をあらかじめ全て学習しておき、必要に応じて医師の判断を支援する、というのが基本的スタンスである。

ワトソンがジョパディで劇的な勝利を飾った直後から、早くもＩＢＭの開発チームは複数の医療機関との連携を開始していた。たとえばニューヨークに本拠を構える、癌専門の医療研究機関「メモリアル・スローン・ケタリング・キャンサー・センター（ＭＳＫ）」では、四二種類ある癌の専門誌から約二〇〇万ページをワトソンに読み込ませた。そこには約一五〇〇万ケースに及ぶ癌の症例が含まれている。二〇一六年には、様々な病気を引き起こす遺伝子変異など、膨大な「ゲノム（全遺伝情報）」データもワトソンに読み込ませた。

以上のような文献や各種データに加え、医療関係者もワトソンの学習プロセスに参加した。前述のＭＳＫでは、現場の医師や医学教授らが数年間、ワトソンをみっちり教育した。

その説明をするために、ここではまず、ワトソンの仕組みについて、若干触れておこう。

元々クイズ番組に出演するために開発されたワトソンは、様々なジャンルのクイズに対する解答の確信度（正解確率）を計算する。それは医療に応用された場合でも同じだ。

たとえば「断層画像に写っている腫瘍が悪性である」とワトソンが診断した場合、その確信度は七〇パーセント、その治療法の効果に対する確信度は八五パーセント、追加検査の必要性に対する確信度は六五パーセントといった具合だ。

ワトソンが提示する診断や治療法には、各々の確信度を算出するに至ったエビデンス（根拠）となる医学論文などの文献が付加されている。これらの情報を医師らが入念にチェックすることにより、ワトソンが明らかに間違いを犯したことが判明することもある。

その場合、間違いを指摘する情報が医師からワトソンにフィードバックされることにより、確信度を算出するための多数の評価軸が修正され、ワトソンは徐々にベストの状態へとチューニングされていった（これも、いわゆる「教師有り学習（supervised learning）」と呼ばれる機械学習の一種である。詳細は後述）。

こうしてクイズ王から「ロボ・ドクター」に生まれ変わったワトソンは、周囲の期待にたがわぬ高い能力を示している。ワトソンを試験的に導入した米ノースカロライナ大学・

医学大学院では、各種癌の症例一〇〇〇ケースをワトソンに入力したところ、その九九パーセントでワトソンが提示した治療法は癌専門医によるものと一致した。そればかりか全体の三〇パーセントでは、ワトソンは医師が見落としていた別の治療法も発見した。

癌に関する医学論文は年に二〇万本以上に及ぶが、ワトソンが提案した別の治療法とは、これら膨大な医学論文には記されているが、医師が目を通すことのできなかった最新の臨床試験の結果などではないか、と見られている。

日本では、さらに劇的な事例が報告されている。（第一章でも紹介した）難病で死の危険にさらされた女性を、ワトソンが救ったのだ。このケースを筆頭に、東京大学医科学研究所では「全体の八割近くの症例で、ワトソンが診断や治療に役立つ情報を提示した」との研究結果がまとまったという。

ただワトソンは（少なくとも現時点では）厚生労働省から医療機器として認定されていないので、あくまで「臨床研究」にしか使えない。たとえ、どれほど劇的な成果が報告されても、一般の患者を診断・治療するためにワトソンを使うことはできないのだ。つまり日本では規制障壁が、ドクター・ワトソンにとって最大の難関になっている。これに対しシンガポールやタイ、インドなど他のアジア諸国では、既に医療現場にワトソンが導入され、通常の診療に利用されている。

AIと医師の意見が割れたら?

たとえばインドのバンガロールにあるマニパル病院では、二〇一六年の夏にワトソンを導入。同年の八月中旬までに、二四人の患者を診断・治療するためワトソンを活用した(“Watson goes to Asia : Hospitals use supercomputer for cancer treatment” Ike Swetlitz, STAT, August 19, 2016より)。ただし(前述のように)ワトソンはあくまでも病気や治療法の候補を提案するに過ぎず、これらの情報を参考に最終的な決断を下すのは医師である。

ここで気になるのは、(たとえ最終決定権は医師にあるとしても)ワトソン(AI)と医師(人間)との間で意見が割れた場合だ。たとえばマニパル病院では、ステージ2の大腸癌患者に対し、医師は「化学療法が必要」と考えたが、ワトソンは「(今回のケースでは)化学療法は効果がないので、とりあえず患者の様子を見る」ことを推奨した。

ワトソンには「ワトソン・パス」と呼ばれる医師支援機能が用意されている。これは、ワトソンがどのようなエビデンス(科学的根拠)や推論、あるいは判断に基づいて、ある病気の診断や治療法を導き出すに至ったかを示す機能だ。

つまり医師にしてみれば、ワトソンのようなＡＩの思考経路が明らかになれば、（その意見に従うか否かは、さておき）ある程度、安心して、それを使うことができる。ワトソンは伝統的な「ルール・ベースＡＩ」の流れを汲む人工知能なので、後から思考経路を辿り易いという長所がある。これがワトソン・パスを可能にしたのだ。

マニパル病院の大腸癌患者のケースでも、医師はワトソン・パスを使ってなぜ「化学療法には効果がない」とワトソンが判断したのか、その思考経路とそこで使われた医学論文などエビデンスをチェックすることができた。これに納得した医師は、ワトソンの意見に従うことにしたのだ。

このケースは一見何の問題も無いように思えるが、よく考えると、近い将来、ワトソンのようなＡＩが広く医療の現場に普及した際に起こり得る「極めて複雑で厄介な事態」を示唆している。それは「ＡＩが引き起こす、新たな医療過誤」の危険性だ。

もちろんマニパル病院の医師のように、ワトソンの意見に従って事なきを得たり、あるいは最終的に病気の根治に至れば問題無い。しかし医師がたとえワトソン・パスで、その思考経路を辿ることができたとしても、ワトソンが提示した診断結果や治療法に納得できない場合も当然、起こり得る。そのようなプロセスを経て、最終的に患者が死亡した場合、大別して以下の二種類の可能性（その後の展開）が考えられる。

①（ワトソンのような）ＡＩが提示した診断や治療法を却下し、医師が独自のやり方で患者を死なせた場合、遺族は「なぜ医師は敢えて賢明なＡＩの意見に逆らって、自分の治療法を押し付けたのか！」として医師や病院を訴える。

②逆にＡＩの意見に従って医師が患者を治療して死なせ、後日、別の医療関係者らが、「このＡＩの提案した治療法は明らかにおかしい」と指摘した場合、遺族は「医師が本来の医療業務を怠って、ＡＩに診断や治療法を丸投げするから、こういうことになるんだ！」として医師や病院を訴える。

また、そこではワトソンのような医療用ＡＩの「製造物責任」が追及されることも（あくまで可能性としては）あり得る。つまりＡＩの勧める治療法に従って医師（病院）が患者を死なせた場合、「その責任は医師や病院ではなく、医療用ＡＩを開発したメーカー側にある」とする考え方だ。

もちろんＩＢＭが現時点でワトソンを「あくまでも医療支援ツールに過ぎず、最終的な決定・決断は現場の医師が下す」としている以上、将来、こうした医療ＡＩに他のメーカーが参入した場合も同じ主張をするだろう。となると法的な責任も、医師や病院、ひいてはインフォームド・コンセントに合意した患者側が負う公算が大きい。

が、たとえ法的責任は免れたとしても、より実質的な問題は残るだろう。それは「将来、ワトソンのような医療ＡＩが高度な進化を遂げた場合、医師がほとんどＡＩに依存してしまう」という危険性だ。

その前兆は、早くも自動運転の世界で現れ始めている。米国の電気自動車メーカー「テスラ」は二〇一五年一〇月に「オートパイロット」と呼ばれる（事実上の）自動運転機能をリリースした。

これについては第二章で紹介したが、ここで再度おさらいをしておくと、オートパイロットとは使用環境を高速道路に限定した自動運転機能だ。しかし高速道路を走行中、ドライバーは万一に備えてハンドルやブレーキなどに手足を添えておくことが求められる。このため開発・販売元のテスラは「オートパイロットは自動運転機能ではなく、あくまでもドライバー支援システムに過ぎない」とした上で、「これによって事故が起きた場合、その責任はドライバーが負う」とあらかじめ断っている。

ところが実際にテスラ車を運転するドライバーは、そうは受け止めなかった。つまりオートパイロットを事実上の自動運転機能として捉え、これに運転を丸投げして、自分は車内でビデオゲームやＤＶＤ視聴などに耽る、という事態が多発した。そして二〇一六年五月には、フロリダ州の高速道路で、オートパイロット使用中に警告音を無視して手放し運転していたドライバーが、対向車線から左折してきた大型トレーラーと衝突して死亡する事故が発生した。

これと同じような事態は、既に将棋の世界で起きている。ＡＩを搭載した将棋ソフトは近年、飛躍的に進化し、プロ棋士との対戦では、今や将棋ソフトがトップ・プロに勝っても誰も驚かなくなっている（二〇一七年四―五月には、史上最強ソフト「ポナンザ」が佐藤天彦名人を二勝〇敗で下し、頂点を極めた）。結果、プロ棋士が将棋ソフトの提示する指し手に従う傾向が強くなってしまった。

二〇一六年には三浦弘行九段が対戦中に将棋ソフトを不正利用したとの嫌疑を受け、既に挑戦権を得ていた竜王戦への出場を禁じられた。第三者委員会による調査を経て、最終的に三浦九段の嫌疑は晴れたが、こうした悲劇的事件が起きること自体、プロ棋士による将棋ソフト依存の深刻さを露呈している。

いずれワトソンのような医療ＡＩと医師との関係も、これと同じ道を辿ることになるのではないか。なぜなら将棋ソフトも医療ＡＩも「何らかの正解に辿り着くことを目指す」という点では同じであるからだ。片や「正解となる指し手」が、もう片方では「正解となる治療法」に置き換わっただけだ。

つまり、いくらメーカー側が「医療ＡＩはあくまで診断・治療の支援ツールに過ぎず、最終的な決断を下し、その責任を負うのはあくまで現場の医師」と釘を刺したところで、そうした医療ＡＩの信頼性が今後、どんどん向上すれば、結局、医師はＡＩに頼ることになってしまうのではないか。

そこで大きな問題となるのは、これらのＡＩが返してくる答えは、実は必ずしも正解とは限らないということだ。（前述のように）元々、クイズ番組に出演するために開発されたワトソンは、複数の探索アルゴリズムが見つけてきた多数の正解候補に対し、各々「確信度」と呼ばれる確率を算出して、この数値が最も高い候補を最終的な正解として答える仕組みになっていた。医療に応用されたワトソンも基本的には同じである。つまり絶対的に正しい診断や治療法ではなく、最も確信度（正解確率）が高い回答候補を返してくるに過ぎないのだ。

こうしたＡＩは今後、どれほど性能がアップしても、誤った答えを返す可能性が宿命的に残っている。将棋ソフトのようなゲームなら、それでも許容されるだろう。しかし人命を預かるワトソンのような医療ＡＩでは、誤った回答は文字通り致命的な結果に終わる恐れがある。医師や病院をはじめ医学界は、今から、そうした事態に備えて、医療ＡＩとの適切なスタンスを検討しておくべきだろう。

医療に導入されるディープラーニング

一方、ワトソンとは正反対の性格を備えるＡＩを、医療に応用する試みも始まっている。そして実は、こちらの方がより大きな可能性を秘めると共に、得体の知れない不安も抱えている。

それは「ディープラーニング」を、様々な病気の診断や予防などに取り入れようとする動きだ。

生物の脳を参考にした人工知能、ディープラーニングについては第一章で簡単に触れたが、その詳しい仕組みなどについては後述する。まずはそれが今、どのように医療現場に導入されつつあるか、その実例から見ていこう。

ディープラーニングの医療応用で世界をリードしているのは、グーグル傘下の英ディープマインドである。同社は二〇一六年三月に、AI搭載の囲碁ソフト「アルファ碁」によって世界トップレベルの棋士イ・セドル九段を打ち破ったことで一躍有名になった。その後、インターネット上で「マスター」や「マジスター」などと名乗る覆面ソフトが、中国、日本、韓国などのトップ棋士に連戦連勝し、後日その正体がアルファ碁の改良版であることが明らかにされると、さらなる衝撃が囲碁界に広がった。

この恐るべき強さのベースとなっているディープラーニングの技術を、ディープマインドは今、「医療」という全く異なる領域に応用しようとしている。その中でも最初に手掛けたのが眼底検査、つまり「目の病気の診断」をAIで自動化する取り組みだ。

私達の身体を構成する様々な臓器や器官の中で、「目」は唯一、身体にメスを入れなくても血管の構造が分かる器官である。このためAIのような先端技術を試験的に医療へと応用する場合、「目の病気の診断」が最も取り組み易い分野と見られているのだ。

二〇一六年、ディープマインドはロンドンにあるムーアフィールズ眼科病院などと共同で、「加齢黄斑変性網膜症」や「糖尿病網膜症」など様々な眼疾患を、ディープラーニングで自動診断するシステムの開発に乗り出した。

これら眼疾患のうち、たとえば糖尿病網膜症は、糖尿病患者の約三分の一がかかる病気とされる。最初は目の網膜にある血管が損傷することで引き起こされ、そこから徐々に視力が低下し、放置すると失明に至る。発症後、早期に発見されれば治療可能だが、病気の初期段階では患者に自覚症状の無いことが問題だ。

これまで、この病気の診断は、眼科医が「光干渉断層計（Optical Coherence Tomography: OCT）」と呼ばれる特殊な検査装置を使って行ってきた。この装置では、（網膜が存在する）眼底に微弱な赤外線（一種の光波）を当てて、そこから反射してきた波を解析することで「網膜の断層画像（以下、網膜画像）」を描き出す。このようにして撮影された何枚もの網膜画像を、医師が入念に検査して病気の診断を行うのである。

これは医師にとって、非常な忍耐と経験を要する作業と言われる。つまり個々の画像を丹念に見比べ、普通に見ただけでは見逃してしまうような眼底網膜の微妙な形状や陰影の違いを識別して、それが病気かどうかを診断できるようになるまでには、長年にわたって大量の画像を見続けてきた医師の、研ぎ澄まされた目（見識、スキル）が必要とされてきたのだ。

しかし、ここには根本的な限界がつきまとう。それは、こうしたスキルが一人の医師の内部で閉じてしまうことだ。確かに、口頭である程度のことを後輩の医師らに伝えることも可能かもしれないが、基本的には自身の長年にわたる経験に裏打ちされた職人芸的な要素が強い。となると、必然的にそうした経験を有するベテラン医師の数は限られてくるため、たとえ糖尿病網膜症を疑われる患者でも、その検査を受けられないケースが出てくる。

また同じ理由から、ある国全体における病気の広がり方や地域別の傾向などを見出すことも難しくなる。つまり、それほど大量の画像データを解析するには、医師の数が全く足りないのだ。逆に、こうした問題が解決されれば、病気の早期発見が可能になり、患者の失明を予防できる。

この問題は特にインドなど新興諸国における、比較的、所得水準の低い地域で深刻だ。そうした貧困地域では医師の数が圧倒的に不足していることから、住民が十分な医療検査を受けられず、結果的に失明してしまう患者が極めて多いのである。

機械学習とは何か

ディープマインド（グーグル）は、ここに「ディープラーニング」という先端ＡＩを導入することで、糖尿病網膜症をはじめとする眼疾患の診断を自動化しようとしている。同社は数年前から前述の英ムーアフィールズ眼科病院、さらにインド国内にある複数の病院と共同で臨床研究を進めてきた。これらの病院には、既に長年の眼底検査で撮影された大量の網膜画像が蓄積されている。

ディープマインドの研究者達は、これら大量のストックから選り抜いた約一二万八〇〇〇枚の網膜画像からなるトレーニング・セットを作り上げ、これをディープラーニング・システムに読み込ませて、機械学習させた。こうした技術の詳細は後で改めて説明するので、ここではごく簡単な紹介に留めよう。

まず「機械学習」とはディープラーニングのようなＡＩが、ビッグデータを読み込んで自ら学習し、そこから何らかの規則性や法則性、つまりある種のパターンを導き出す技術だ。ここで使われるビッグデータが、先程の「トレーニング・セット」、つまりシステムを「トレーニング（訓練）」するために必要なデータだ。特にこのケースでは、大量の網膜画像のセット（集合）である。

これは医学界では比較的新しい試みであり、過去のやり方とは一線を画す。実はＡＩを医療に応用する取り組みは、かなり以前から行われてきた。特に一九七〇—八〇年代にかけては、医師のような専門家（エキスパート）の知識やノウハウをコンピュータに移植することによって、医師に代わってコンピュータが患者の診断を行う「エキスパート・システム」が一世を風靡《ふうび》した。これは「ルール・ベースのAI」、つまり「古典的な人工知能」の代表的な事例である。

たとえば眼科医療用に開発されたエキスパート・システムでは、診断に使われる網膜画像上に存在する糖尿病網膜症のような病気を示唆する幾つかの視覚的特徴が、明示的なルールとしてプログラムされている。つまり「眼底検査で撮影された網膜画像上に、これこれこのような形の影が存在する場合には、かくかくしかじかの目の病気と診断しなさい」というルールを沢山用意して、これをコンピュータ・プログラム化したものが、過去に使われてきた医療用エキスパート・システムである。

しかし、こうしたやり方はあまり上手くいかなかった。その主な理由としては、医師が網膜画像などイメージ・データを見ながら診断する場合、一種の暗黙知に従って病気を見つけるケースが多いからである。具体的には、ある患者の診断画像を見るやいなや、「ああ、これはこの病気だよ、間違いない」などと言ってのける。つまり傍目《はため》からすれば、医師が理屈ではなく直観に従って診断しているように見える。

逆に言うと、医師が自らの言葉を使って「これこれ、こういう形の影が画像に写っていたときには、かくかくしかじかの病気です」と明示的にルール化することが非常に難しいのだ。また仮にルール化できたとしても、たとえば患者の年齢や既往歴、各種体質など様々な条件に応じて、事細かく場合分けしてルールを作成しなければならないため、いくら沢山のルールを用意しても足りない。

つまり多様性と例外に富む現実世界、特に微妙な症状の差異が患者の病状や生命を左右する医療の現場では、杓子定規のルールに従って患者を診断することは、ほぼ不可能に近い。結果、エキスパート・システムのようなＡＩは、医療現場にほとんど普及しなかったのである。

これに対し、今、ディープマインドが開発中の医療用ディープラーニングは、医師がコンピュータに「ルール」を教え込むのではない。むしろ何万枚にも上る網膜画像のような「大量のデータ（トレーニング・セット）」をコンピュータに入力し、コンピュータ自体がそのデータを解析することによって、各種の病気を示す視覚的特徴を識別して診断できるようになる。これが（ディープラーニングのような）ニューラルネットによる機械学習である。

医師と答え合わせしながら学ぶ

機械学習は「教師有り学習」「教師無し学習」「強化学習」など幾つかの方式に大別されるが、ディープマインドが今、英・印の病院と共同開発中のディープラーニング・システムは「教師有り学習」を採用している。教師とは、この場合、医師を意味する。つまり眼科医がディープラーニングという人工知能に、各種の眼疾患の診断方法を教えるのである。

この教育過程で使われるのが、前述のトレーニング・セット、つまり約一二万八〇〇〇枚の網膜画像である。これら大量のイメージ・データをあらかじめ三人の眼科医が目視で検査し、個々の画像に対し「これは病気A」「これは病気B」「これは病気C」「これは健康な目」……というように、それぞれラベル付けしていくのだ。

ここで特筆すべき点は、眼科医がこうしたラベル付け（一種の診断）をする際、その診断に至る理由を明記する必要がない、ということだ。ここが過去の「エキスパート・システム（ルール・ベースAI）」との大きな違いである。

つまり、この種の画像診断が基本的に医師の暗黙知に頼る以上、それを言葉でルール化するのは無理がある。むしろ教育用のトレーニング・セットをコンピュータ（人工知能）

に入力し、そこからコンピュータ自体が診断のカギを握る要素を自習する方が効率的だ。ディープマインドが開発中の医療用ディープラーニング・システムの場合、そのトレーニング・セットは三人の眼科医がラベル付けした大量の網膜画像だ。これらを読み込んで画像解析することによって、このＡＩシステムは各種眼疾患を示す視覚的な特徴点（特徴量）を自ら学び取る。そして次回から新たな患者の網膜画像を入力された際、それら視覚的特徴量を判定材料にして、各種の眼疾患を自動診断できるようになる。これが機械学習の中でも、特に「教師有り学習」と呼ばれる方式である。

多大な労力に見合うメリットとは

ディープマインドは以上の研究成果を二〇一六年一二月、米国医学界で最も権威ある学会誌「ＪＡＭＡ（Journal of the American Medical Association）」に発表した。

それによればディープマインドの研究者らが、約一万二〇〇〇枚の網膜画像からなる「テスト・セット（システムの性能を評価するためのテスト用データ）」を、（前述の機械学習を終えた）ディープラーニング・システムに入力したところ、全体の九〇パーセント以上で経験豊富な眼科医と同等、あるいは彼らを凌ぐ高い精度で「糖尿病網膜症」など眼疾患を診断することに成功したという。

ただ読者の中には、これまでの説明を読まれて「『ＡＩによる診断の自動化』と言う割には、随分、人手や労力がかかっているな」と呆《あき》れている方が多いかもしれない。実際、三人の眼科医が約一二万八〇〇〇枚もの網膜画像を逐一チェックして、その診断結果を各々の画像にラベル付けしていくのは、大変な労力と長い時間を必要とする作業だ。その上、最後には約一万二〇〇〇枚ものテスト画像でシステムの性能を評価しなければならない。一体、これらのどこが自動化だと言うのだ？

確かに、そうした見方にも一理ある。が、多大な労力に十分見合う成果もあるのだ。それは一旦、こうした人力作業によって教育されたディープラーニング（ＡＩ）が完成すると、以降はこのシステムを桁違いに多数の患者に利用できる、ということだ。

たとえばインド国内の貧しい地域では、恐らくは何百万、何千万人というような人達が先端医療の恩恵に与《あずか》ることができない。彼らを診断する医師や医療機関の数が圧倒的に不足しているからだ。

しかしディープラーニングによる診断システムを、英・印の都市にある総合病院やグーグルのデータセンター内にあるサーバーにインストールしたとしよう。こうしておけば、あとは網膜画像の撮影だけを貧困地域の地元クリニックで実施すれば、そのデータをインターネット経由でサーバーに送信することにより、人工知能が患者の診断を行うことができる。これによって、過去に眼底診断を受けることができなかった膨大な数の患者が、病気を早期に発見し、失明を予防できる。これこそ「AIによる診断自動化」がもたらす最大のメリットと考えられている。

こうした新たな医療サービスには、ディープマインド以外の企業も参入している。たとえば米国ではクラウド・コンピューティング大手の「セールスフォース・ドットコム」や医療AIサービスの「エンリティック」など。

日本では、名古屋市立大学と情報システム会社クレスコ（本社：東京都）、あるいは佐賀大学とIT企業オプティム（本社：東京都）などが、いずれも産学連携プロジェクトとして、光干渉断層計を使った眼底診断をディープラーニングで自動化するシステムの開発と、その臨床研究を進めている。

前者のケースでは、名古屋市立大医学部の眼科医が診断した一一〇〇枚の網膜画像をトレーニング・セットにしてディープラーニングに機械学習させた。これに一〇〇枚の網膜画像をテスト・セットとして入力したところ、医師の診断結果と合致したケースが全体の八三パーセントに達したという（「眼底の病気、ＡＩ画像診断　成功率8割超、早期発見へ光」月舘彩子、朝日新聞ＤＩＧＩＴＡＬ、二〇一六年一一月一五日より）。

日本の場合、こうしたＡＩによる自動診断システムは、前述のインドのような貧困地域対策というより、むしろ医療の効率化やスピードアップが最大の目的である。つまり診断の自動化によって医師の負担を減らすと共に、診断の精度・速度の向上によって病気の早期発見や予防を促すことが狙いだ。

ただし国際競争という観点からは、日本の取り組みはディープマインド（グーグル）など欧米のＩＴ企業に若干遅れをとっていることは否めない。眼底診断の自動化システムでは、片やディープマインドが約一二万八〇〇〇枚のトレーニング・セットと約一万二〇〇〇枚のテスト・セットでディープラーニングを鍛え上げたのに対し、名古屋市立大とクレスコの共同研究では各々一一〇〇枚と一〇〇枚である。

機械学習のパフォーマンスを左右する主な要素は学習に使われるデータ量なので、両者の違いは大きいと言わざるを得ない。

ＣＴスキャンやＭＲＩにも使える

以上のような画像の解析（認識）は「パターン認識」の一種であり、ディープラーニングの最も得意とするところだ。このため眼底診断に限らず、癌をはじめ、より一般的な病気を診断するための「ＣＴスキャン」や「ＭＲＩ」の自動解析にも応用されつつある。

因みにＣＴスキャンとは「Computed Tomography Scan（コンピュータ断層撮影）」の略称で、Ｘ線など放射線で人体を走査した後、それをコンピュータで画像処理することによって患部の断層画像を描き出す技術。一方、ＭＲＩは「Magnetic Resonance Imaging（核磁気共鳴画像法）」の略で、体内の水分を高周波の磁場で刺激することによって、患部の断層画像を撮影する技術だ。

両者には一長一短がある。ＣＴスキャンはたとえば「骨」など水分の少ない部分も撮影でき、全身の撮影も僅か数秒で終わるが、一方で放射線による被ばくを伴うため妊婦などには使えない。これに対しＭＲＩは放射線被ばくの危険性はないが、全身の撮影に約一時間もかかるなど遅い。また磁場の影響を受けるため、ペースメーカーを埋め込んでいる患者らには使えない。

いずれにせよ、これら断層画像の解析が自動化されるきっかけとなったのは、二〇一四年に開催された北米放射線学会。ここで「ディープ・ニューラルネット（ディープラーニング）でＣＴスキャンやＭＲＩの画像診断が可能になる」との研究成果が発表されたのだ。以来、世界各国でその臨床研究が進み、実用化は目前である。たとえば米国では、医療用ＡＩを専門に開発する「エンリティック」など複数の新興企業が、そうした画像診断システムを開発するためにベンチャー・キャピタルなどから巨額の資金を調達している。

日本でも遠隔画像診断サービスを手掛ける「ドクターネット（本社：東京都）」がＡＩ開発の「パークシャテクノロジー（本社：東京都）」と提携し、ディープラーニングによる画像診断の自動化に取り組んでいる。

その背景には、画像診断を専門に行う「放射線科医」の不足がある。ＭＲＩやＣＴスキャン用の撮影装置を配備した医療機関の数は日本全国で約一万三〇〇〇に上るが、実際に画像診断を行っている放射線科医は僅か四〇〇〇人程度。つまり大多数の医療機関では、撮影装置はあるものの肝心の放射線科医が常駐していない。

こうした医療機関では、自らの施設内で患者の断層画像を撮影した後、この画像データを通信回線で大学病院などに送る。そこに常駐する放射線科医が、これらの画像を見て診断するのだ。これは「遠隔画像診断」あるいは「遠隔読影サービス」などと呼ばれる。

この分野のリーディング・カンパニーが前述のドクターネットである。同社と契約を結んだ読影医師（放射線科医）の数は、二〇一六年三月時点で四五〇人以上に上る。が、これだけ多数の専門医を抱えていても、全国の医療機関からあまりに大量の断層画像が送られてくるため、今後、人手だけに頼っていたのでは対応し切れなくなる。

そこで画像解析の能力に秀でた先端ＡＩ「ディープラーニング」を導入することにしたのだ。ここでも成功のカギを握るのは、ディープラーニングが機械学習するために必要なトレーニング・セット、つまり大量の画像データだ。このデータ量が多ければ多いほど、人工知能による画像診断の精度は増すことになる。

具体的な数字は明らかにされていないが、ドクターネットにはアジア最大級の医療画像データが蓄えられているという。これをパークシャが開発したディープラーニングに機械学習させることで、いずれは放射線科医を凌ぐ高い精度で、各種の断層画像を自動診断する医療システムの実現（事業化）を目指している（以上、ドクターネットとパークシャの提携事業については、高橋志津子「ＡＩと医師を組み合わせて画像診断に革命を起こす」『決定版　ビジネスパーソンのための　人工知能　超入門』東洋経済新報社、二〇一六年一一月二四日発行より）。

他にも日本を含む各国の研究機関で、乳癌や皮膚癌などの画像診断にディープラーニングが導入され、いずれも専門医に匹敵するか、あるいはそれを凌ぐほど高い精度で癌を自動検出することに成功している。

病気の発症予測も可能

ディープラーニングは病気の予知や予防にも使える。こちらを世界的にリードするのも、やはりディープマインドだ。

同社は二〇一六年二月、英国の「国民保健サービス（National Health Service：ＮＨＳ）」と提携し、ロンドン市内にある三つの国立総合病院で受診した一六〇万人の患者に関する、広範囲の医療データを利用する契約を交わした。

両者の合意文書によれば、ディープマインドがこれらの病院から取得するのは様々な病理／ヘルスケア・データに加え、患者の入退院の日時や病状に関する日々の記録など広範囲にわたる。一六〇万人もの患者全員に関する、これら膨大な医療データをディープラーニングで機械学習させることにより、様々な病気の予知・予防に役立つ医療ＡＩシステムを開発する予定という。

たとえば、ある人が病院で健康診断を受けた場合、その健診データをＡＩで解析することにより、「（この人が近い将来）ある病気を発症する確率が非常に高い」、あるいは「既に発症しているが、初期段階なので患者が気付いていないだけ」といったことが判明する。これを受け医師は、医療ＡＩによる予想や判定が正しいか否かを確認するための再検査をこの患者に対し実施する、という使い方を想定している。

その対象となる病気は、たとえば「敗血症」などの感染症から「双極性障害」のような精神疾患まで多岐にわたる。手始めにディープマインドは、血液検査のデータをディープラーニングで機械学習し、ここから「腎臓病」の発症予測（予防）や早期発見に結び付けるＡＩシステムの開発に着手した。

読者の中には、本来、患部の断層画像など「画像データ」の解析を得意とするディープラーニングが、なぜ、それとは全く異なる「血液検査のデータ」などにも応用できるのか、不思議に思う方がおられるかもしれない。が、実は両者は本質的に同じものなのだ。

たとえば断層画像に写っている「悪性腫瘍と見られる怪しげな影」も、血液検査から判明する「コレステロール値」や「尿酸値」など各種の数値データも、コンピュータの記憶装置に入ってしまえば「１００１１１０１０００１００１……」といった二進数になる。つまり両者とも、「１」と「０」からなる長い数列という点では本質的に同じだ。

これら二進数で表現された各種のビッグデータを機械学習で解析することにより、そこから「1」と「0」が織り成す、ある種の「パターン（規則性や法則性）」を抽出する作業は、一般に「パターン認識」と呼ばれる。

ディープラーニングは、このパターン認識を最も得意とするAI技術である。だから断層画像の解析だけでなく、血液検査のデータ解析など医療全般に適用できるのだ。

プライバシー侵害の恐れも

これら様々な取り組みには、医療関係者から大きな期待が寄せられる一方で、幾つかの懸念も囁《ささや》かれている。一つは、患者のプライバシーを侵害する恐れだ。

ディープマインドが英NHSから取得する一六〇万人分の個人データの中には、各々の患者の「HIVポジティブ」「薬物過剰摂取」、そして「中絶」に関する情報など、極めて慎重な扱いが必要とされる情報が含まれているという（"Revealed：Google AI has access to huge haul of NHS patient data" *New Scientist*, April 29, 2016より）。

ディープマインド（グーグル）は、これに対する懸念を払拭しようと努めている。同社の公式発表によれば、NHSから提供される大量の個人データは匿名化されており、個々の患者のプライバシーは厳守されるという。

が、周囲の医療関係者にしてみれば、これまで様々な分野で社会的摩擦を引き起こしてきたグーグルだけに、「プライバシー中のプライバシー」とも言える医療／ヘルスケア・データを彼らに与えることへの抵抗感は拭いきれないようだ。また同社による医療データの独占を憂慮する声も聞かれる。

実際、グーグルの過去を振り返ると、これらの批判を浴びるのも仕方がない。たとえば創業以来の主力事業「インターネット検索」については、二〇〇二年に米国内の競合他社が「グーグルは独占的地位を悪用して、我々を検索市場から追い出そうとしている」として司法当局に告訴。このような動きは、やがて欧州にも広がった。

また二〇〇五年には、世界各国の図書館にある全書籍を丸ごとスキャンして、ウエブから検索可能にする「グーグル・ブックス」プロジェクトが、著者や出版社などの権利を侵害しているとして告訴された。他の分野も見渡せば、こうしたケースは枚挙に暇がない。

そして今回、グーグルは傘下のディープマインドを介して「医療データ」の大規模な収集を始めた。このデータは「人命や健康に関わる」という点で、これまで同社が扱ってきた、どの情報よりも扱いが難しい。また医療や製薬とも関係してくるだけに、非常に大きな商業的価値を秘めている。

しかもグーグルによる医療データの収集能力は群を抜いている。（前述の）眼底診断システムからも見て取れるように、日本の産学連携プロジェクトなどとは桁違いに大量のデータを瞬く間に集めてしまう。これらの点から見て、医療関係者がグーグルの医療分野への進出に神経を尖《とが》らせるのも、やむを得ないだろう。

ディープラーニングの暴走

しかし、それらの懸念も、ディープラーニングの奥深くに潜むミステリアスな脅威に比べれば霞《かす》んで見える。それはニューラルネットの「ブラックボックス化」と呼ばれる現象だ。これを象徴的に示しているのが、以下のエピソードである。

二〇一六年三月、ディープマインドが開発したＡＩ囲碁ソフト「アルファ碁」と、世界トップクラスの棋士、イ・セドル九段の第四局が韓国で行われた。それまでの三局で全敗していたイ九段は、この第四局でも途中までアルファ碁に押され、劣勢に立たされていた。ところがイ九段が七八手目に、逆転を狙って中央に仕掛けた奇手が功を奏し、ここからアルファ碁が暴走とも言える損な手を連発して、自ら形勢を悪くしていった。最終的には、イ九段が一八〇手までで中押し勝ちし、初勝利を収めた。

対戦後の記者会見で、アルファ碁を開発したディープマインドの最高経営責任者デミス・ハサビス氏に対し、会場にいた記者の一人から次のような質問が飛んだ。

「今日の対戦の中盤から、（イ九段の奇策にはまり）アルファ碁は暴走して、プロの解説者でも理解できない奇妙な手を連発し負けました。囲碁のようなゲームなら、それも許されるでしょう。でも、仮に（アルファ碁に搭載されているような）人工知能が医療など人間の命に関わる分野で、今回のように暴走したとすれば、大変な混乱を引き起こすのではないでしょうか？」

ソフト開発者にしてみれば、かなり気に障る、この質問に対し、ハサビス氏はさほど意に介した様子もなく、穏やかな口調で次のように答えた。

「まず断っておかねばならないことは、今のアルファ碁はあくまでプロトタイプ（試作版）に過ぎないことです。我々（開発者）は今後、これにどんどん改良を加え、テストも繰り返していく（ので、今回のような暴走はなくなるはずです）。それと、もう一つ言っておかねばならないことは、医療は（囲碁のようなゲームとは）全く異なる問題ということです。そこでは、より厳しいテストが求められるし、我々もそれに合わせた開発体制を敷くことになるでしょう。つまり状況が全く違ってくるのです」

さすが頭の回転の速いハサビス氏だけに、難しい質問を上手く切り抜けた感もあるが、その答えをよく見直してみると、記者の本質的な問い掛けには答えようとしていない。この記者が指摘したように、現在の人工知能、特にアルファ碁に搭載されている最先端のAI「ディープラーニング（ディープ・ニューラルネット）」は、ときに暴走をする。が、その理由は、それを開発したエンジニアさえ理解できないのである。

その最たる例がニューヨーク証券取引所や東証をはじめ、世界的な金融市場で時に発生する「フラッシュ・クラッシュ」と呼ばれる相場の大幅な乱高下だ。この引き金となっているのが、証券の自動取引システムなどに搭載されている「ディープ・ニューラルネット」の暴走と見られている。こうした人工知能を開発したエンジニアらは、この種のアクシデントが起きた後、決まって「なぜシステムが暴走したのか、その理由は（それを開発した）私達にも分からない」と異口同音に語る。

なぜ、そうなってしまうのか？

そもそもニューラルネットは人工知能の一種であり、それはソフトウエア、つまりコンピュータ・プログラムとして実現されている。そうであるなら、このプログラムを書いたエンジニアは当然、内部の仕組みを理解しているはずだ。

それなのに、このプログラム（ニューラルネット）が暴走した理由が分からないとは、一体どういうことなのか？

その理由は、まさにこうしたニューラルネットの内部的仕組みによるのである。以下、若干の紙幅を割いて、その歴史と技術を紹介し、なぜ開発者にさえ、その内部が見えなくなってしまったのかを説明していきたい。

ニューラルネットとは何か

ニューラルネットとは文字通り、私達人間の脳を構成する無数の「ニューロン（神経細胞）」のネットワークを工学的に再現した人工知能である。その源流は、一九四三年に米国の神経科学者・医師ウォーレン・マカロックと論理学者・数学者ウォルター・ピッツの両氏が共同で考案した「形式ニューロン（Formal Neuron）」というアイディアにまで遡る。

形式ニューロンとは、人間など動物の脳を構成する神経細胞の振る舞いを、「ステップ関数」や「シグモイド関数（ロジスティック関数）」、最近では「ReLU（ランプ関数）」など特殊な数式で表現したものである。

中でも伝統的によく使われてきたシグモイド関数は指数関数を若干変形したもので、恐

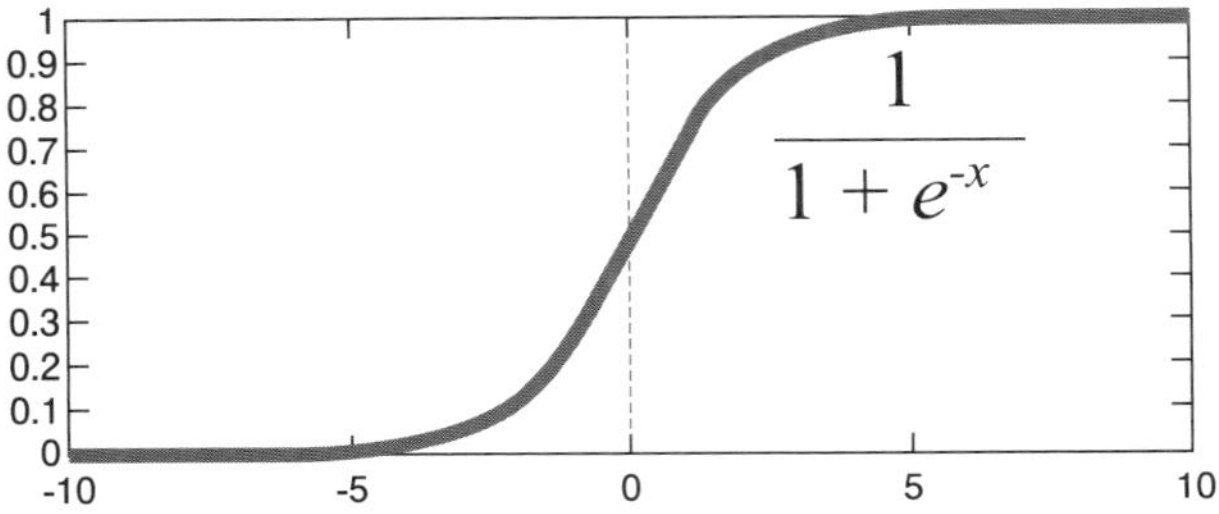

図9　形式ニューロンを表現するために採用された シグモイド関数

らく数学が得意なら高校生でも理解できるほど単純な数式だ（図9）。その特徴は、ある閾値《しきいち》を境にして急激に関数値が跳ね上がることだ。これがちょうど、「学び」や「経験」など外界からの刺激に反応して、スパイク（発火）する脳内ニューロンを表現するのに適していたのだ。

一九五七年、米国の心理学者・コンピュータ科学者のフランク・ローゼンブラット氏が、この「形式ニューロン」を幾つか組み合わせて「人工的ニューラルネット」を開発した（後には単に「ニューラルネット」と呼ばれるようになった）。

ローゼンブラット氏は自ら開発した、この初代ニューラルネットを「パーセプトロン」と名付けた。因みに現代のニューラルネットは基本的にソフトウエア、つまりコンピュータ・プログラムとして実現されるが、パーセプトロンは無数のワイヤ（物理的配線）が複雑に絡み合ったハードウエア、つまり大型コンピュータそのものであった。

パーセプトロンは、人間から教わらなくても三角形や四角形など図形の違いを認識して分類できた。このように自ら学ぶ「機械学習」の能力を備えた初のＡＩとして期待を集めたが、当時のコンピュータ関連のハードウエア処理能力の限界などから、結局、この初代ニューラルネットは一般社会に普及するまでに至らなかった。

その後、カナダのトロント大学教授ジェフリー・ヒントン氏ら一部の研究者が粘り強くニューラルネットの研究を続けた。そして今世紀に入り、ハードウエアの処理能力が大幅にアップすると同時に、機械学習の対象となるデータが社会で大量生産される「ビッグデータ時代」を迎えた。

この波に上手く乗ると共に、脳科学における視覚野の研究成果を導入したことなどが功を奏し、ニューラルネットは長い雌伏の時代を経て、ついに本格的な実用化（商用化）に至った。これが現在、「ディープ・ニューラルネット（ディープラーニング）」と呼ばれているＡＩだ。

初期のパーセプトロンから現在のディープラーニングに至るまで、ニューラルネットの基本的な原理は一貫している。

人間の脳は、（諸説あるが）一〇〇〇億個とも言われるニューロンが、「シナプス」と呼ばれる無数の接合部でつながり合った構造をしている。私達が読書をしたり、複雑な計算をしたり、色々な経験を積んだりすると、それらの刺激に応じて、シナプスの接合強度（シナプス荷重）が変化する。これが学習である。

これを工学的に模倣したＡＩであるニューラルネットも、基本的には同じように学習する。ここで脳の「シナプス荷重」に該当するものは、ニューラルネットでは「ウエイト（重み）」あるいは「パラメーター」などと呼ばれる数値である。そして、この数値はエンジニア（人間）がプログラム（ニューラルネット）を開発した時点であらかじめ決めてしまうものではない。

むしろコンピュータに入力される大量のデータ（ビッグデータから成るトレーニング・セット）を、ニューラルネットが処理する過程で、それら無数のパラメーター（数値）が自動的に調節されていくのだ。これが「機械学習」と呼ばれるプロセスである。

このように入力されるデータの量が増えれば増えるほど、ニューラルネットを構成する無数のパラメーターは各々、最適値へと徐々にチューニングされていく。最終的には、これらパラメーターの最適値に応じて、ニューラルネットにおける情報の伝達ルートが形成される。

問題は、このようにして機械学習が完了した後では、ニューラルネットを構成するパラメーターの数があまりに多過ぎて、当のエンジニア（開発者）でさえ、その情報伝達ルートを解明することが不可能になることだ。

これが「（ニューラルネットの）ブラックボックス化」と呼ばれる現象である。前述のアルファ碁や証券の自動取引システムなどが暴走した後、それを開発したエンジニアらが「なぜ、暴走したのか分からない」と言うのは、まさにこの「ブラックボックス化」のせいだ。つまり暴走を引き起こした情報の伝達ルートを解明できないからなのだ。

皮肉なことに今後、ニューラルネットが高度化すればするほど、ブラックボックス化の問題はむしろ深刻化していく。（前述の）一九五〇年代に登場した「パーセプトロン（初代ニューラルネット）」は、情報の入力／出力層からなる単純な二層構造だった。ところがその後、より複雑で高度な情報処理をこなすため、入出力層の間に「隠れ層」と呼ばれる層を追加する方式が主流になった。

これに連れてニューラルネットを構成する層の数は当初の二層から三層、三層から四層

図10　入力層と出力層の間に、多数の隠れ層を配置したものがディープ・ニューラルネット

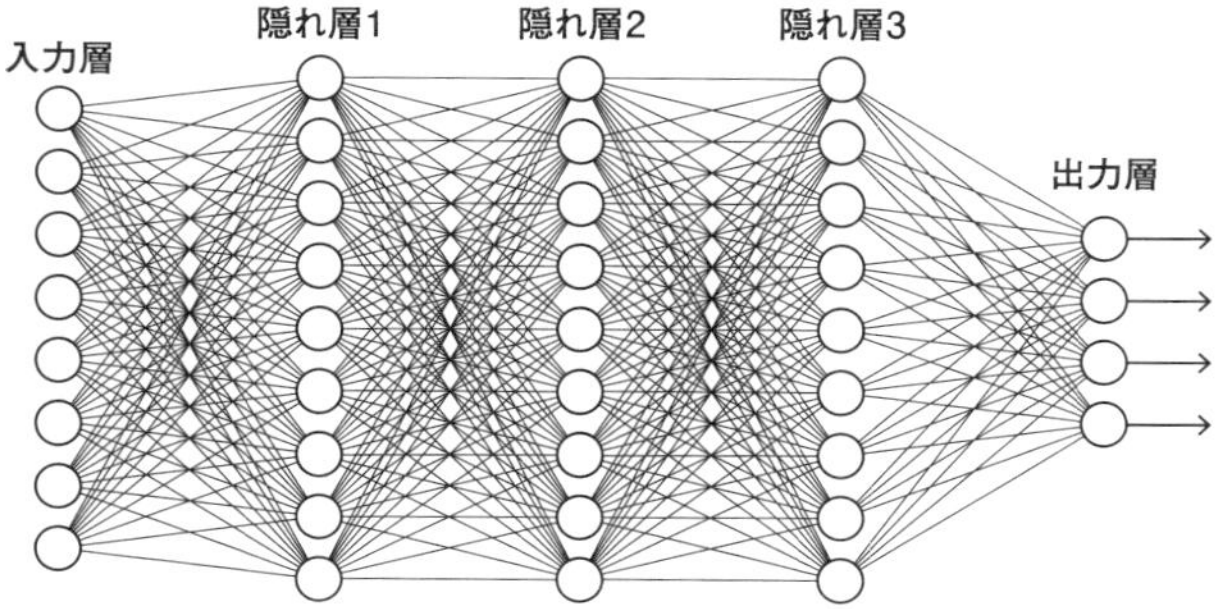

へと漸次増加した（図10）。特に今世紀に入ってから、その数は急増し、今では一〇〇層を超えるものさえ珍しくない。これが「ディープ（多層あるいは深層）・ニューラルネット」という呼称の由来となっている。

このように層の数が増せば増すほど、このニューラルネットを構成するパラメーターの数も爆発的に増加する。ここ数年だけを見ても、二〇一五年に米マイクロソフト・リサーチが開発したニューラルネットではパラメーターの数は約六〇〇〇万個だったが、二〇一六年に中国の百度（バイドゥ）が音声認識用に開発したシステムでは約三億個、二〇一七年にグーグルが機械翻訳用に開発したシステムでは約八七億個に達した（米NVIDIAによる推計）。こうなる

と益々、エンジニアの手に負えなくなる。

アルファ碁とイ・セドル棋士の対戦後の記者会見で、（アルファ碁の開発を指揮した）ハサビス氏がシステムの暴走に関する質問を巧妙にかわしたのは、現代ＡＩが以上のような原理的矛盾を抱えているからなのだ。

医師とAIの関係はどうあるべきか

前述のように、このディープ・ニューラルネット（ディープラーニング）は、既にＭＲＩやＣＴスキャンなど断層画像の自動診断や各種病気の予知・予防など、様々な医療分野への応用（臨床研究）が開始されている。

ディープラーニングはこれまでに画像・音声認識の分野で、既に人間の能力を追い越したと見られている。たとえば画像認識の場合、人間のエラー率（誤認識率）が五パーセント前後であるのに対し、グーグルやマイクロソフトなど世界的なＩＴ企業が開発した最高水準のディープラーニング・システムでは三パーセント前後まで低下している。

このように優れた画像認識能力を断層画像の解析に応用すれば、放射線科医よりも早く正確な診断を下すことができると期待されているのだ。またディープラーニングの（画像・音声認識などと同様の）パターン認識技術を使えば、（前述のように）従来医療の枠外とされてきた「各種病気の発症予測」なども可能になると見られる。

しかし、そこには危険な落とし穴が潜んでいる。少なくとも現段階のディープラーニングにはアルファ碁が見せたような暴走、つまり誤動作の恐れが残されている。従って、医師に代わってディープラーニングに診断を丸投げすることには、かなりの危険性が伴う（アルファ碁とイ・セドル九段の対戦後の記者会見で投げかけられた例の質問は、実に的を射ていたのである）。この種の方法は、（第一、二章でも紹介したように）ＡＩ関係者の間で一般に「Human out of the Loop（制御の環から人間を排除する）」と呼ばれるが、医療のように人間の命に関わる領域では時期尚早と言わざるを得ない。

それよりも、むしろ「Human in the Loop（制御の環に人間を残す）」の方が現時点では望ましい。つまり病気の診断や予測などにディープラーニングを導入したとしても、それに依存するのではなく、むしろその解析結果を参考に、最終的には医師が診断を下す。つまり先端ＡＩと医師が共同で仕事に当たることが、作業時間の短縮と、より正確な診断に結び付くと見られている。

これはＩＢＭがワトソンを医療に応用する際、強く訴えていることだ。ディープマインド（グーグル）が推し進めるディープラーニングについても、まさに同じことが言えるわけだ。

しかしルール・ベースＡＩの流れを汲む「ワトソン」の場合、その思考経路を人間が後から追跡し易いことから、「なぜ、この病気に対し、ワトソンはこの診断や治療法を提示したのか」という理由がはっきり分かる。

これに対し、内部がブラックボックス化されているディープラーニングの場合、その思考経路が全く読めない。つまり、この種の人工知能が、どのようにしてある結論に至ったのか、そのロジック（論理）や理由を医師（人間）は全く知ることができないのだ。

たとえば、ある人が心臓病にかかるリスクをディープラーニングに予想させる場合、（例によって）あらかじめトレーニング・セットとして、多数の心臓病患者と健康な人間のヘルスケア・データをシステムに入力する。するとディープラーニングは機械学習によって、両者の間に見られる違いを、ある種の「（統計的）パターン」として認識する。

そして新しく入力された人間のヘルスケア・データを、このパターンに照らして解析することにより、この人が心臓病にかかるリスクを予想するのである。

つまりディープラーニングは（「心臓病にかかるリスク」のような）予想結果を返してくる

だけで、その予想へと至った理由やロジックを一切説明しようとはしない。あるいは何らかの治療法を提示するにしても「なぜだか分からないが、（統計的パターンに照らして）この治療法がお勧めです」と言ってくるに過ぎない。このやり方を医師や患者がそのまま受け入れるのは、（少なくとも現時点では）かなり無理があると言わざるを得ない。

実際、こうした問題はディープラーニングを開発する当事者側も認めるところだ。ディープマインドの医療関連プロジェクトに当初から参加しているグーグルのプロダクト・マネージャー、リリー・ペン氏は「（ディープラーニングが何らかの結論に至った）理由を説明できるようにすることが、今後、非常に重要になることを、我々は理解している」と語っている（"An AI Ophthalmologist Shows How Machine Learning May Transform Medicine," Will Knight, *MIT Technology Review*, November 29, 2016より）。

また米国のＤＡＲＰＡでも、「理由を説明できる人工知能（Explainable Artificial Intelligence：ＸＡＩ）」という研究テーマを設けて、その開発に着手した。このプロジェクトでは、ディープラーニングによる機械学習の性能を最大限に高めると同時に、その思考プロセスを（医師のような）人間が理解し、信頼することのできる「次世代のＡＩ」開発を目指している。

しかし、それは本当に実現可能なのだろうか？　また実現できるとしても、どれくらいの時間がかかるだろうか？

現代AIの発達を促したもの

それを推測するためには、まずAIと脳科学の融合について知っておく必要があるだろう。ディープラーニングのような現代AIが長足の進歩を遂げた理由としては、コンピュータ・プロセッサなどハードウエアの急激な発達があるが、これと共に脳科学の成果が本格的に導入されたことも大きく貢献している。

たとえば（前述のトロント大学教授）ジェフリー・ヒントン氏が率いるAI研究グループが特に参考にしたのは、大脳の視覚野や聴覚野、さらに体性感覚野など、（人間も含む）動物がモノを見たり、音を聞いたり、手足で何かを触って感じたりするときに使われる脳の知覚領域の研究成果だ。

一九九〇年代、世界の脳科学者達は「ニューラル・リワイヤリング（神経再接続）」と呼ばれる奇妙な実験を繰り返した。

たとえば動物の頭がい骨を生きたまま切り開き、目から出て脳の視覚野につながっている神経のラインを聴覚野につなぎ直してしまう。当然、この動物は目が見えなくなるが、驚くべきことに、それから数ヵ月後には、（ぼんやりとではあるが）また目が見えるようになった。つまり（本来、耳で聞いた音を処理すべき）聴覚野は、むりやり目から入った視覚情報を入力すると、これを認識できるようになる。

　こうした実験から、視覚野や聴覚野など（外界を認識する）脳の知覚領域に通底する「スパース・コーディング」と呼ばれるアルゴリズムが発見された。これを聞きつけたヒントン氏らが、このアルゴリズムをディープ・ニューラルネットに応用することにより、その画像認識の能力が大幅にアップした。

　たとえば「チーター」と「レパード（豹《ひょう》）」は外見がよく似ているため、私達人間がそれらの写真を見ても、どっちがどっちなのか分かり難い。これに対しヒントン氏らが開発したニューラルネットは、こうした紛らわしい写真でも、正確に判別できるようになった。このような目覚ましい成果が国際学会で発表されたり、世界的な画像認識コンテストなどでデモされたのは二〇〇七―一二年にかけてのことだ。

　さらに、この技術は「知覚野の汎用性」に立脚しているため画像認識だけでなく（聴覚に該当する）音声認識でも高い性能を示した。これらのブレークスルーによって、それまで科学研究の対象に過ぎなかったニューラルネットは、遂に実用化の段階に突入した。

こうした画像や音声などの認識は一般に「パターン認識」と呼ばれ、最近では、いわゆるビッグデータを解析して、そこから何らかの規則性や法則性などパターンを抽出するために使われる。

つまりディープラーニングは、様々な産業分野で発生する多彩なデータを解析して、ビジネスにも活用できることが分かった。ここから現在のＡＩブームが始まったのだ。

脳科学から見たＡＩの将来性

以上の歴史を経て、今、ニューラルネット研究者らの関心は次のフェーズに移りつつある。たとえばフェイスブックＡＩ研究所のヤン・ルカン所長（ヒントン氏と並ぶニューラルネット研究の第一人者）らは、ディープラーニングを自然言語処理に応用しようとしている。

自然言語処理とは、（音声認識のように）単に耳で聞いた音声を文字として認識するだけでなく、これを言葉（言語）として捉えて意味を理解し、それによってコンピュータやロボットが人間と自由に会話できるようにする技術である。

こうした技術はこれまでも存在したが、それは一九五〇年代から営々と続けられてきた

「ルール・ベースAI（記号処理型のAI）」に立脚している。たとえば文法や語彙《ごい》をルール化してコンピュータに移植し、これらを記号的に処理することにより、人間の言語能力を疑似的に再現したものである（前述のIBM「ワトソン」やソフトバンク「ペッパー」なども、その系譜に属する）。

このやり方は長年にわたって改良を重ねたことにより、使用環境を限定すると何とか使い物になるが、人間のように柔軟で汎用的な言語能力はないし、将来性も限られている。

そこでルカン博士らは、脳の仕組みを模倣したニューラルネット（ディープラーニング）を自然言語処理に応用することで、人間と自然に会話できるコンピュータやロボットを実現しようとしている。

またグーグルも、その基礎研究所「X」で、ルカン博士らと同様の研究を続けている。Xの研究チームは、その成果として、二〇一六年一一月に「グーグル翻訳」のリニューアルを実施した。これはコンピュータ（に搭載された人工知能）が人間に代わって、たとえば「英語―日本語」など異なる言語間の翻訳を自動的に行う機能だ。こうした機能は一般に「機械翻訳」と呼ばれ、前述の「自然言語処理」の一種である。

それ以前の「グーグル翻訳」は、たとえば英・独・仏・西など、互いに親和性の高い欧州言語族の間では、かなり質の高い機械翻訳サービスを提供していたが、逆に「日本語」と「英語」など構造の全く異なる言語間では、ほとんど使い物にならなかった。

二〇一六年一一月のリニューアルでは、ここにディープラーニングを導入することにより、日本語と英語の間でも「グーグル翻訳」の性能が大幅に向上したと評判になった。これを確かめるため、私も幾つかの例文を使って「グーグル翻訳」の実力を試してみた。

率直な感想を言うと、確かに以前よりは改良されているが、たとえばニューヨーク・タイムズ紙の記事のような、かなり凝った文章表現が多い英語長文の日本語訳には、いまだに難があると言わざるを得ない。

その理由は「グーグル翻訳」がリニューアル後もパターン認識に頼っているからだ。このやり方では、あらかじめ英語と日本語の対訳文書を大量にシステムに読み込ませ、機械学習させることによって、両言語の間をつなぐ統計的なパターン（相関関係）が浮かび上がってくる。

意外に思われるかもしれないが、実は人間もこれと同じような学び方をしている。私はかつて米国の西海岸を旅行している最中に、ある移民の家庭に数日ホームステイしたことがある。この家には、本来の家族以外にもアフリカ大陸の東方に浮かぶモーリシャス島

（モーリシャス共和国）からの不法滞在者が何人か暮らしていた。

彼らの公用語はフランス語である。米国に定住し始めた彼らが、どのように英語を勉強するかというと、そのやり方は呆れるほど単純である。フランス語で書かれた書物と、その英訳本を左右に並べ、それらを互いに見比べながら自習するのだ。

この二つの言語は構造が非常に似ており、主語、動詞、目的語などの語順はかなり共通している。このため左右の本で同じ箇所にある単語を比較するだけで、フランス語のどの単語が英語のどの単語に該当するか容易に分かる。そもそもフランス語と英語では、似ている単語が多いのも好都合だ。

こうしたやり方は、ある種のパターン認識である。同じ方法で、動詞の時制や語尾変化なども、ある種のパターンとして浮かび上がってくる。もちろん、このやり方では外国語を正確、かつ完璧にマスターすることはできないが、ある程度までなら可能だ。

「グーグル翻訳」が実際に行っている作業も、この不法移民のやり方と本質的に同じだ。ただし機械学習のために読み込む対訳文書の本数は、人間では処理できないほど大量のデータである。また単に対訳文書を比較するだけでは不十分で、読み込む本数を増やす度に翻訳精度を上げるための「モデル」と呼ばれる変換公式が必要である。

これが従来の「グーグル翻訳」では、（第二章で紹介した）ベイズ理論をベースとする比較的単純なモデルであったのに対し、リニューアル後は、より洗練されたパターン認識の手法である「ディープラーニング」に基づくモデルへと切り替わっただけだ。

つまり「グーグル翻訳」はリニューアルによって性能が向上したとは言っても、所詮はパターン認識に頼っている点は以前と同じである。このやり方では「日本語─英語」など、構造が根本的に異なる言語間の翻訳では（ある程度、性能がアップしたとしても）限界がある。逆に、ここでブレークスルーを成し遂げるには、ディープラーニングという人工知能が単なるパターン認識を脱して、我々人間のように言語の意味を理解する必要があるが、現時点では、まだそのレベルには達していないのである。

その大きな理由の一つに、脳科学の成果を応用できないことがある。前述のようにニューラルネットが画像・音声認識などの分野で急成長した一因に、「ニューラル・リワイヤリング」のような、動物を使った、かなり荒っぽい生体実験の成果がある。このように「モノを見たり、聞いたりする脳の仕組み」は、犬や猫のような動物でも人間でも同じだ。

しかし言語を理解し、操れるのは人間だけ。従って人間の言語能力を解明して、それをニューラルネットに応用するには、動物を相手に行ったような生体実験を人間でも行う必要があるが、常識・倫理的に考えて、そんなことが許されるはずがない。この「言語能力」に始まり、「複雑な状況判断」や「物事の内側を見通す洞察力」など人間ならではの知的領域にニューラルネット研究が今後、踏み込んでいこうとすれば、同じ理由から研究が停滞する恐れがある。

パターン認識に基づく次世代医療とは

以上の点から考えて、医療の現場に導入されたディープラーニングが、なぜあるいは、どのようにして何らかの診断結果や治療法の提案に至ったのか、その理由を説明できるようになるまでには、まだ相当の歳月がかかると見られる。

なぜなら、そうした説明能力は恐らく「言語能力」に代表される、人間ならではの知的領域と密接に関係しているからだ。まずは脳科学の分野で、それらのメカニズムを解明するブレークスルーが起きるまで、ディープラーニングのような先端ＡＩといえども医療の説明責任を果たすことは難しいだろう。

では、その間、医師そして患者はどのように人工知能に向き合っていけばいいのだろうか？　まず大前提として、ディープラーニングが多数の患者から得られたビッグデータを解析して返してくるものは、「絶対的な答え」ではなく「単なる確率」に過ぎない。つまり「患者の医療／ヘルスケア・データ」と「何らかの病気あるいは治療法」の間に見られる「相関関係（パターン）」を数値化した確率である。この情報を基に、どのような決断を下すか。その最終的な責任は、人間が負わなければならない。この点を医師も患者も肝に銘じておく必要がある。

が、より本質的な問題はその後である。仮に近い将来、そうしたAIによるビッグデータ解析の結果、「この患者は八五パーセントの確率で、かくかくしかじかの病気であり、これに対しては九〇パーセントの確率で、これこれこういう薬や治療法が有効です。でも、その理由は分かりません」という結果が提示されたとき、医師や患者はこれにどう対応したらいいのだろうか？

これ以降は私の個人的予想に過ぎないが、恐らく医師や患者はこれを受け入れる方向に進んでいくだろう。なぜなら、これからのAIが「脳科学」という、いまだ謎の多い領域に踏み込んでいくのと軌を一にして、医療もまた未踏の領域に今後、進出していくからだ。

たとえばゲノム解析に基づく次世代医療がその一例である。ゲノムとは、私達人間の場合、DNA上に記録された、（約二万個の遺伝子を含む）三二億塩基対にも及ぶ全遺伝情報だ。これからの医療は従来の対症療法を脱し、遺伝子（ＤＮＡ）レベルで各種病気の原因を解明して、これを根本から治療する方向へと向かっていく公算が高い。

それは恐らく、当初は医師（人間）の理解を超えた医療となり、そこにＡＩの出番が回ってくるだろう。実際、先端医療の現場で活躍する医師がそれを認めている。東京大学医科学研究所ヒトゲノム解析センターの宮野悟教授によれば、ゲノム情報の解釈は「人知を超えた世界。人工知能の力が必要だ」という（「日経デジタルヘルス」より）。

人知を超えた世界とは、まさに「説明による理解」が不可能な世界である。近い将来実現するであろう、ディープラーニングのような先端ＡＩによるゲノム情報の解析とは、「ＧＴＡＧＧＣＴＡＧＣＣＣＧＴ……」といった（ほぼ）無限の塩基配列と無数の患者の医療・健康データを機械学習し、そこから浮かび上がってくる両者の相関関係（パターン）に基づく診断あるいは治療法だ。

それは（少なくとも当初は）単なるパターン認識の域を出ず、論理的な説明が欠如した医療になるかもしれない。しかし、だからと言って手をこまねいて、何もしないでいれば、患者は命を落としてしまう。であるならば、医師は患者のインフォームド・コンセントを経て、そうしたＡＩによる新しい医療へと向かっていくのではないだろうか。

そもそも（創薬も含めた）医療の歴史を振り返れば、医療とは伝統的に、一種のパターン認識に基づく経験的な科学に立脚していたはずだ。たとえば医薬品の開発では、一九二八年に発見された抗生物質「ペニシリン」が恰好《かっこう》の事例である。

英国の細菌学者アレクサンダー・フレミングが細菌を培養していたシャーレに、偶然アオカビが飛び込み、これが周りにいる細菌を殺してしまった。そこから何度同じ実験を繰り返しても、同じ結果になる。つまり「アオカビは細菌を殺す」という一種のパターン認識から、（アオカビから抽出された）ペニシリンという医薬品が誕生し、使われるようになった。

あるいは古来の薬草にしても、何らかの微生物から抽出される他の医薬品にしても、「それが病気に効く」ということは分かっていても、「それがなぜ、病気に効くのか？」という根本的理由は長らく不明だった。

そうした理由、つまり医薬物質がどのような仕組みで人体や細菌に作用して効果を発揮しているのか――そのメカニズムが解明されるのは、二〇世紀後半にＤＮＡの構造解析を端緒とする分子生物学が発達してからのことだ。つまり、それ以前の創薬をはじめとする医療は「理由の解明」はさておき、ある種の経験に基づくパターン認識によって患者を治療してきたわけだ。

ディープラーニングのような先端ＡＩに基づく次世代医療も恐らく、これと同じ道を辿って今後発展していくだろう。前述のゲノム解析に代表されるように、そうした次世代医療はある種のパターン認識に基づく診断や治療法を提示してくるが、（少なくとも当初は）人間が理解できる合理的な理由は示してくれない。しかし高い確度でそのパターン認識の妥当性が示された場合、医師も患者も結局はそれを受け入れざるを得ないはずだ。

無愛想なロボ・ドクターは腕は良さそうだが、理由を説明して患者を安心させるところまでは気が回らないようである。

第四章　自律的兵器の照準

人の最期にも様々な形があろうが、もしもロボットに殺されるとしたら、死ぬ間際には、どんな気持ちになるだろうか？

一昔前なら「単なるＳＦ」と笑い飛ばされた、そんな想定が間もなく、現実になろうとしている。国防予算に年間五〇〇〇億ドル（五〇兆―六〇兆円）もの巨費を割く、超軍事大国アメリカはここ数年、文字通り「殺人ロボット」の研究開発に余念がない。

たとえば「自ら標的を定めて突っ込んでいくミサイル」、あるいは「上空から地上のテロリストを監視する自律的ドローン」、さらには「敵の潜水艦をどこまでも追跡する無人軍用艦」等々。いずれもペンタゴン（米国防総省）傘下の「ＤＡＲＰＡ（国防高等研究計画局）」が今、総力を挙げて開発中の次世代兵器だ。

これら奇想天外な兵器は単なる「机上の空論」や「コンセプト・デザイン」などではなく、既に設計や試作を経てテスト（実験）段階に入っている。それも大分以前からだ。たとえば世界最大の軍需メーカー、米ロッキード・マーチンがＤＡＲＰＡと共同開発中の「長距離対艦ミサイル（Long Range Anti-Ship Missile：ＬＲＡＳＭ）」が、恰好の事例だろう。

ＬＲＡＳＭは従来の対艦ミサイルとは異なり、ＧＰＳから遮断された状況でも、自力で敵のレーダー網を回避し、遠方の海洋まで到達。そこに浮かんでいる敵の艦船を攻撃する。

こうした特殊なミサイルの使用目的について、米国防総省は公式見解を表明していないが、軍事関係者の間では「恐らく中国海軍を念頭に開発された」と見られている（詳細は後述）。

二〇一三年秋、米軍は南カリフォルニアの沿岸上空で、LRASMの発射実験を行った。空軍の爆撃機「B－1」から発射された、この自律的ミサイルは、沿岸近海を航行する三隻の船（この実験のために用意された）の中から、自ら標的として選んだ大型貨物船に突っ込んで、これを破壊した。

また「パイロットの要らない無人戦闘機」も開発されている。たとえば大手軍需メーカー、米ノースロップ・グラマンが開発した次世代ステルス戦闘機（艦載機）「X－47B」は、空母から自律的に飛び立ち、自らに搭載された各種センサーと人工知能によって標的を定め、これをミサイル攻撃する能力を備えている。二〇一三年の春から夏にかけて、米海軍は空母から、この新型ステルス戦闘機の離・着艦テストに成功した（ただしX－47Bはあくまで研究用に製作されたもので、二〇一六年三月に開発が中止された）。

さらに対テロリストなどゲリラ戦を想定した、自律的兵器の開発・実験も進められている。同じくDARPAが開発中の偵察用ドローン（無人機）は、海兵隊の兵士らが周辺の偵察などに使うことを想定している。改めて断るまでもなく、これまで米軍は大量の偵察・攻撃用ドローンを保有・使用してきたが、いずれもオペレーター（兵士）が遠隔地から無線操作する方式だった。

これに対し現在開発中の次世代ドローンは、やはり各種センサーや人工知能によって、ある程度まで自律的に動くことができる。たとえば「上空から、地上にいるテロリストやそのアジトを監視する」といった使命を、地上の兵士から直接、事細かな指示を受けることなく、ドローンが自力で遂行できるのだ。

対テロ用の自律的ドローン

二〇一六年夏、ＤＡＲＰＡは米マサチューセッツ州の観光地ケープコッドの海岸で、この自律的ドローンの使用テストを実施した（"The Pentagon's 'Terminator Conundrum': Robots That Could Kill On Their Own" Matthew Rosenberg and John Markoff, *The New York Times*, October 25, 2016より）。

海岸には、一見モスクのような建築物が点在するなど中東の村落を模した施設が用意され、ここをテロリストや武装勢力などに扮《ふん》した数名の男達が、模造のＡＫ－47（カラシニコフ銃）を携えて、うろついている。

ドローンが離陸するには兵士が発進指示を出さねばならないが、一旦飛び立ってしまえば、あらかじめ指定された監視対象（テロリストや彼らが乗った車など）を見つける作業は、無人機自体の判断で行うことができる。ドローンは自らに搭載されたビデオカメラで地上の様子を撮影し、そのライブ映像を地上にいる兵士（に扮した技術者）に送信する。

ドローンには人物やその顔面を認識する特殊なソフトウエアが搭載されている。あらかじめテロリストなど危険人物を登録したデータベースと、この人物・顔認識ソフトの解析結果を照合することにより、ドローンは上空から撮影したビデオに危険人物が写っているかどうかを判定する。

たとえばテロリストを発見した際には、ビデオ撮影した映像上で、その危険人物の周囲を赤色の矩形《くけい》で囲む。逆に民間人や味方兵士などの場合には、その周りを緑色の矩形で囲む。これによって（もしも実戦下の場合には）兵士がすぐに、ビデオ映像に写っている人物が敵か、そうでないかを見分けることができる。

この夏の実験では、ドローンは完璧ではないが、かなりの人物識別能力を示した。それは武装勢力が乗った自動車を上空から追跡したり、建物の陰に隠れたテロリストを発見することができた。一方で、ビデオカメラを顔の近くに掲げながら、地面を這《は》いつくばって移動しているカメラマンを「民間人である」と正しく認識した。

このカメラマンのようなケースは、従来のリモコン操作によるドローンの場合、「自動小銃を構えた武装勢力」などと誤って認識され、米軍の攻撃対象になることもあった。が、少なくとも、今回の実験では、自律的ドローンはその過ちを犯さなかったことになる。今のところ、このドローンは偵察用に使われることを想定しているが、もしも、これに小型ミサイルの発射装置や機関銃などを装備すれば、即座に自律的兵器へと生まれ変わる。

以上、各種の新型兵器を実現可能にしたのが、最新鋭のレーザーやレーダー、さらには赤外線などを使った各種センサー技術。そして、これらが感知した外界情報を処理する「パターン認識」など先端的なＡＩ技術だ。

さらに近年におけるコンピュータ・プロセッサの飛躍的進化とコスト低下に伴い、これら高度な部品・技術などが、言わば「消耗品」として兵器に搭載されるようになった。以上が相まって、高速飛行中のミサイルやドローンがリアルタイムで複雑な外界情報を解析し、瞬時に攻撃対象を識別することが可能になったのだ。

第三の軍事刷新とは

米国防総省は二〇一六年に提示した予算案の中で、こうした自律的兵器を中心とする新たな軍事技術の開発に今後三年間で約一八〇億ドル（約一兆八〇〇〇億―二兆二〇〇〇億円）を費やすとしている。彼らは人知れず、ＡＩを次世代兵器の要に据えようとしているのだ。そこには、思い切った軍事改革を断行することで、中国やロシアなど他の軍事大国に対し差別化を図ろうとする意図がある。

歴史を振り返ると、米国はこれまで二度にわたる根本的な「軍事刷新（offset）」を行ってきた。最初は一九四〇―五〇年代における「核兵器」の開発。これによって一度は（当時の）ソ連など東側諸国に対する戦力的優位性を築き上げたが、やがて（中国も含め）彼ら共産主義陣営も同じく核兵器を持つようになると米国の優位性は失われた。

そこで一九七〇―八〇年代にかけて、米国は二度目の軍事刷新を断行した。それはミサイルなど各種兵器の小型・高精度化による兵力の効率化である。たとえばレーザーやＧＰＳなどで敵の位置を正確に把握して攻撃する「精密誘導兵器」などが、それに該当する。これらは別名「スマート兵器」とも呼ばれ、冷戦期の最後の一〇年に当たる一九八〇年代に大きな役割を果たした。

が、これによる米国の優位性も今世紀に入ると崩れてしまった。つまりロシアや中国など他の軍事大国も今や、こうしたスマート兵器を大量に保有し、米国に引けを取らないレベルにまで達している。

そこで米国はまたも、抜本的な軍事改革へと乗り出した。今回、彼らは各種兵器に人工知能を搭載することにより、私達人間の認識・操作能力では太刀打ちできないほど、高い精度とスピードを兼ね備えた自律的兵器を開発しようとしている。これを米国防総省は「第三の軍事刷新（3rd Offset）」と呼んでいる。

「ケンタウロス戦」とは

この「第三の軍事刷新」では、ＡＩを搭載した自律的兵器の導入により、兵士の「戦死」や「負傷」が減少する、と言われている。もちろん実際にそうなるかどうかは、現時点では、まだ分からないが、少なくともペンタゴンは、これを「第三の軍事刷新」の大義名分の一つにしようとしている。

ただし、そこには微妙な問題が生じる。つまり従来の兵士に代わって、自律的なロボットや戦闘機などが敵と戦ってくれるなら、確かに味方の死者や負傷者の数は減るかもしれない。しかし「兵士」も一つの職業と見た場合、自律的兵器の導入は彼らの職を奪うことになるのではないか。

こうした懸念に対し、ペンタゴンの関係者は「その心配はない」と保証する。なぜなら現在のＡＩ、そして兵士（人間）には、それぞれ長所と短所があるからだ。つまりＡＩと人間が互いに相手の弱点を自らの長所で補うことにより、戦場における「兵士とマシン（自律的兵器）の理想的関係」が築かれ、そこから最強の戦闘用コンビが生まれるという。

第二、三章でも紹介したように「ディープラーニング」のような先端ＡＩが得意とするのは「画像・音声」などパターンを認識する技術だ。これは既に戦場の兵士など、人間の能力を抜き去ったと見られている。

つまり現在のＡＩは兵士よりも遥かに素早く正確に「（ビデオカメラから撮影された映像上で、ある種のパターンとして表現される）敵」を識別できるのだ。（前述の）「上空から地上のテロリストを監視する自律的ドローン」や「自ら標的を定めて突っ込んでいくミサイル」などには、この高度なパターン認識技術が搭載されている。

一方、現在のＡＩが苦手とするのは、戦場のように何が起きるか分からない複雑な状況下で、臨機応変に行動する柔軟な対応力だ。この点では、兵士つまり人間の方に軍配が上がる。

となると、ＡＩを搭載した自律的兵器に戦いの全てを任せるよりも、むしろ戦場の兵士が（パターン認識能力に優れた）自律的兵器を随所で効果的に活用することにより、戦果を最大化すると共に味方の被害を最小化できる。

こうした戦い方をペンタゴンの高官は「ケンタウロス戦」と呼んでいる。ケンタウロスとは、ギリシャ神話に登場する半人半馬の怪物である。ケンタウロス戦では、まさに戦闘行為の半分は人間（兵士）、もう半分はマシン（ＡＩ兵器）が担うことによって、戦場における最強ペアが生まれるというわけだ。

このケンタウロス戦のヒントとなったのは、チェスなど伝統的ボードゲームにおけるＡＩの進化と、それに対する人間のスタンスだ。

たとえば一九九七年に当時のチェス世界チャンピオン、ガルリ・カスパロフ氏を打破したＩＢＭの「ディープブルー」。あるいは、ここ数年、トップクラスのプロ棋士を次々と負かして、巷を沸かせている将棋・囲碁のソフトなど。これら伝統的ボードゲーム用に開発されたＡＩは最早、棋士（つまり人間）の能力を抜き去った、と見られている。

が、その一方で「単に『マシン（ＡＩを搭載したコンピュータ）対人間』というシンプルな図式では割り切れない」という意見も聞かれる。

一例として、ある二人の凡庸なチェス・プレイヤーが三台のパソコンとそこに搭載されたチェス・プログラム（ＡＩソフト）を駆使して、チェスの世界チャンピオンに勝利を収めた。彼らはまた同じ手段で、チェスを指すスーパー・コンピュータにも勝つことができたという。

ここから読み取れることとは、最強のチェス・プレイヤーとは単なる人間（世界チャンピオン）でもＡＩマシン（人工知能を搭載したスパコン）でもなく、「ＡＩマシンを使いこなす人間」であるということだ。

これと同じことを米軍は近未来の戦場でやろうとしている。それがまさにケンタウロス戦なのだ。

攻撃対象を決めるのは人間か、機械か？

このような戦い方は、ここまで何度か紹介した「Human in the Loop」に該当する。つまり兵器にある程度の自律性を持たせるにしても、最終的には戦場にいる兵士や司令官のような人間が兵器を制御するということだ。

これはオバマ政権が二〇一二年に策定した「国防総省指令（Department of Defense

Directive）3000.09」にも記されている。この指令では、まずオペレーター（兵士）が標的（攻撃対象）を定めて攻撃する「半自律的兵器」と、オペレーターによる介入無しに兵器自体が標的を定めて攻撃する「（完全な）自律的兵器」とを区分し、今後、米軍が保持・使用する兵器は前者（半自律的兵器）になる、と定めている。

ただし実際に、この指令に記された半自律的兵器の定義は抽象的で分かり難い。それはこう書かれている――「未来の兵器は、司令官やオペレーターがそうした兵器の使用に際して、適切な水準の人間による判断を遂行できるように設計されていなければならない（weapon systems shall be designed to allow commanders and operators to exercise appropriate levels of human judgement over the use of force）」

これについて軍事技術に詳しい科学者や人権専門家らは、「『適切な水準の人間による判断』という表現が、あまりにも曖昧かつ広範囲に解釈できるため、実質的な意味を持たない」と批判している。実際、ペンタゴンが現在開発中の様々な新型兵器では、その標的を決めているのは兵器という「マシン（ロボット）」なのか、それともそれを使用する兵士や司令官のような「人間」なのか定かではない。

たとえば前述の「ＬＲＡＳＭ」について、ペンタゴンの高官は「これは半自律的な兵器であり、その標的を定める際、人間による命令（指示）は十分に反映されている」と語るが、開発元のロッキード・マーチンでは「このミサイルに関する情報は極秘」として、標的を誰（あるいは何）がどのように決めているのか、については明らかにしていない。

一方、国際ロボット兵器制限委員会のメンバーである米国の物理学者は、「LRASMは敵艦隊に狙いを定める際、自律的に作動している。ここに使われている技術は非常に洗練されたもので、人間の制御が及ばない人工知能だ」と語っている。

ターミネーター問題とは

いずれにせよ、AIを搭載した次世代兵器が何らかの自律性を育み始めていることは確かだ。そうした中で今、最も懸念されているのは「兵器の自律性が今後、どこまで進化するのか？」という問題だ。

現在、DARPAが開発を進めている自律的兵器（一種のロボット）は、「戦場」という非常に流動的で不確実な環境下でも、臨機応変に対処できる柔軟な能力を備えている必要がある。

このため古典的な「ルール・ベースのAI」、つまり技術者があらかじめ事細かな行動ルールを逐一ロボットに教え込むアプローチでは歯が立たない。戦場では何が起きるか分からないので、あらかじめ用意した行動ルールだけでは対応し切れないからだ。

むしろロボットのようなマシンが、自身に搭載されたセンサーから取得した外界情報（ビッグデータ）を消化することによって自ら学ぶ「機械学習」のアプローチの方が適している。実際、ＤＡＲＰＡが現在進めている「ＴＲＡＣＥ（Target Recognition and Adaption in Contested Environments）」と呼ばれるプロジェクトでは、最先端の機械学習の手法である「ディープ・ニューラルネット（ディープラーニング）」に基づき、兵器自体が標的を定める技術を開発している。

しかし、このように兵器自体が戦場における周囲の情報から機械学習して、臨機応変に対応するようになれば、それはペンタゴンが主張する「Human in the Loop」、つまり「兵器の使用について実質的な判断を下し、その責任を負うのは、兵士や指揮官のような人間である」という基準とは相容《あいい》れないことになる。

また、こうした自律的兵器（ロボット）は、荒々しい戦場に適応する過程で技術者（人間）が予想だにしなかった能力や行動様式を育んで、最終的に「人間には制御不能の兵器」へと進化してしまう恐れがある。極端な話、ハリウッドのＳＦ映画「ターミネーター」に登場するような殺人ロボットである。これは誇張やジョークなどではなく、実際にペンタゴン関係者が「ターミネーター問題」と呼んで、真剣に議論している重要事項なのだ。

戦場で戦う兵士や指揮官が本当に相棒として欲しがっているロボットは、人間が事細かな指示を出さなくても自ら戦況を判断して、味方を助け、敵を攻撃する自律的兵器だ。が、そうした自律性を高めようとすればするほど、こうしたロボットが人間の予想を超える行動に出る危険性も高まる。

つまりロボット兵器の「自律性」と「予測可能性」は二律背反の関係にあり、現時点でこの難問を解決する目途は立っていない。こうした深刻な課題を置き去りにしたまま、自律的兵器の開発は急ピッチで進んでいるのだ。

世界各国で導入される自律的兵器

これは実は米国だけの話ではない。既に英国、フランス、イスラエル、ノルウェー、韓国、中国など、主要国の多くがAIを搭載した自律的兵器の開発や配備を進めている。

たとえば英国の国防省が開発中の「タラニス」は、米国の「X－47B」と同様の無人ステルス戦闘機（製造元は英国の軍需メーカー「ＢＡＥシステムズ」）だ。自律飛行中のタラニスは自力で標的を定め、（司令官の許可を得て）これをミサイル攻撃する。二〇一三年八月には約一五分間に及ぶ試験飛行に漕ぎ着けた。

米・英に負けじとフランス政府もまた、無人ステルス戦闘機「ニューロン（nEUROn）」の開発を進めている。そこではフランスの航空機メーカー「ダッソーアヴィアシオン」に加え、スウェーデンやイタリアなど欧州五ヵ国のメーカーも開発に参加している。ニューロンは二〇一二年一二月に初の試験飛行に成功した。

ただし英タラニスも仏ニューロンも、米国のＸ－47Ｂ同様、あくまで国やメーカーが技術力を蓄えるためのプロトタイプ（試験機）という位置付け。つまり実戦用に量産・配備される計画は、少なくとも現時点では存在しない。とはいえ、開発費はいずれも（日本円に換算して）数百億円に上る代物だ。

これに対し、既に実用化されている自律的兵器としては、英国空軍の「ブリムストーン・ミサイル」がよく知られている。これは英国の軍需メーカー「ＭＢＤＡ」が開発・製造したもので、空軍パイロットの間では「Fire and Forget（撃ったら、忘れろ）」という合言葉で使われている。

このミサイルが爆撃機から発射されると、あとは自力で戦車やバス、自動車などを識別し、そこから標的を見つけ出して仕留めることができる。同様の兵器はノルウェーでも開発され、既に同国空軍に配備する計画が進んでいる。

一方、イスラエルでは対レーダー・ミサイルの「ハーピー（Harpy）」が既に実用化されている。イスラエルの軍需メーカー「IAI」が開発した、このミサイルは敵地の上空を徘徊《はいかい》しながら辛抱強く待ち続け、敵防空システムのレーダーがオンになった瞬間に、これを検知してレーダーに突っ込んでいく。ハーピーは母国イスラエルだけでなく、韓国、トルコ、インド、中国などへも輸出されている。

また韓国では哨兵（見張り）ロボット「SGR－1」が、北朝鮮との間にある非武装地帯で既に使われている。サムスン財閥傘下の「サムスン・テックウィン」と高麗大学が共同開発した、このロボットは機関銃とグレネード・ランチャー（擲弾《てきだん》発射筒）を装備。国境を越えて侵入を図る北朝鮮兵士の体温や動きを赤外線センサーなどで感知し、自律的に敵を攻撃する能力を備えていると言われる（ただし通常は、機関銃発射など武力行使に際しては人間のオペレーターがロボットを操作することになっている）。

さらに、米軍のLRASMに危機感を募らせた中国政府も最近、LRASMに搭載されているＡＩ以上に高度な人工知能を搭載する巡航ミサイルの開発に着手した。巡航ミサイルとは、まるで航空機のように翼とジェットエンジンを備え、これによって長距離飛行できるミサイルだ。米国のＬＲＡＳＭも巡航ミサイルの一種である。つまり中国はＬＲＡＳＭと同じ目的で、より高性能のＡＩ兵器の開発に乗り出したと見ることができる。

これはペンタゴンにとって大きな誤算だ。前述の通り、ＬＲＡＳＭは米軍が中・ロなどに差をつけるために着手した「第三の軍事刷新（3rd Offset）」の一環として導入されたが、それが図らずも中国を刺激し、同様の軍事改革へと向かわせる兆しが見えてきたのだ。

テロリストの手に渡る恐れも

世界に拡散し始めた自律的兵器への警戒感は当然ながら高まっている。この種の兵器は国際会議などの場では、皮肉にも「ＬＡＷＳ（Lethal Autonomous Weapons Systems：致死的自律兵器システム）」と呼ばれている（ＬＡＷは英語で「法律」を意味する）。

国連の「特定通常兵器使用禁止制限条約（Convention on Certain Conventional Weapons）」の検討会議では、これまで何度かＬＡＷＳを規制するための議論が行われてきたが、何らかの実効性を持つ合意には至っていない。

一方、米国や英国など、この種の兵器開発に積極的な国々でも、政府関係者の間で「LAWSを禁止する国際条約を制定すべき」とする意見は聞かれるが、「そんなことを言っている間に、敵に後れをとったら、どうするのか？」という反論に結局は押し切られ、自律的兵器の開発が否応なしに進んでいる。

以上のような国際情勢を受け、二〇一五年七月には著名な宇宙物理学者スティーヴン・ホーキング博士や、米国有数のAI研究者スチュアート・ラッセル博士ら約一〇〇〇名の科学者が公開書簡に署名した。その中で彼らは「一旦、自律的兵器の開発が始まれば、世界的な軍拡競争へとつながることは不可避だ。自律的兵器は明日のカラシニコフ銃（『ありふれた武器』を示唆する比喩）になるだろう」と警鐘を鳴らした。

特に彼らが警戒しているのが、こうした自律的兵器が国家の枠組みを超え、より危険な勢力へと広がることだ。同じ書簡の中で彼らは「（自律的兵器が）国際的なブラックマーケットに出回り、テロリストの手に渡ったり、独裁者が権力の基盤固めに使ったり、部族のリーダーが他民族を抑圧するために使うのは時間の問題だろう」と予想している。

なぜか？　その理由はAIのような先端技術の開発を巡る、軍事と民生の逆転現象にある。

これまで伝統的に先端技術の開発をリードしてきたのは（多くの場合）軍事だった。たとえば「レーダー」や「コンピュータ」、あるいはそれらの部品となる「半導体」、さらには「ジェットエンジン」や「GPS」など、いずれも元々は軍事用に開発された技術が民生技術へと応用されたものだ。

同様に現在の原子力発電（民生技術）も元々は、原子爆弾（軍事技術）を開発するため一九四二年に始まったマンハッタン計画の一環として、（イタリアから米国に移住した著名な物理学者）エンリコ・フェルミ氏らが開発した世界初の原子炉「シカゴ・パイル一号」に端を発する。

当時、これら先端技術を開発するのは、強大な国家権力に裏打ちされた軍事プロジェクトでなければ絶対に不可能だった。ここから生まれた数々の軍事技術が、戦後の平和な時代になって民生技術へと応用され、（ときに甚大な災害をもたらす原発など一部例外を除いて）結果として私達の暮らしや社会を豊かにしてきた。残念ながら、これは誰もが認めざるを得ない事実だ。

また研究開発の予算面でも、軍事の優位性は明白だった。そもそもシリコンバレーが米国を代表するハイテク産業の集積地帯へと成長したのは、国防総省から流れ込んだ巨額の軍事予算のお陰という見方もある。今、大きな注目を浴びている人工知能にしてもそうで、少なくとも一九五〇―八〇年代にかけては軍事予算を軸に、ＡＩの研究開発は進められてきた。

こうした軍事側の優位性が、一九九〇年代のインターネット・ブームを境に逆転した。当時のマイクロソフトやインテルの隆盛、これに続くグーグルの登場、さらにはアップルの復活などを経て、彼ら民間企業の蓄えた技術力の方が軍事技術の方を追い越してしまった。

特に「ディープラーニング」など最近のＡＩ技術の急激な発達において、大きな役割を果たしたのはグーグルをはじめとする軍事色の薄いシリコンバレーのハイテク・ＩＴ企業である。この結果、「先端的なＡＩ開発では、現在の軍事技術は民生技術に後れをとった」との見方が強まってきた。

たとえば米軍の他、日本の航空自衛隊、英国の海・空軍、トルコ空軍、ノルウェー空軍などが採用を決定しているロッキード・マーチン製のステルス戦闘機「Ｆ-35」には、コックピットに音声認識システムが導入されている。が、実際に同戦闘機を操縦する米空軍パイロットの間では、「（この音声認識システムは）ほとんど使い物にならない」と評判が悪い。彼らは「むしろアップルやグーグルの技術を導入した方が余程マシだ」とこぼしている。

では、こうした状況のどこが危険だというのか？　それは民生技術の場合、軍事技術のようにガードが固くないので、誰でも比較的容易に入手できるということだ。また、それは値段も安い。

つまり高度なＡＩ技術が、家電量販店などで売られているスマホやスマートＴＶなどを通して、今や誰にでも入手、ないしはアクセスできるようになった。これと、（同じく手頃な価格で市販されている）ドローンなどを組み合わせれば、今、米軍が開発中の自律的ドローンのような次世代兵器を容易に開発できるようになる。あるいは市販の一般自動車とＡＩを組み合わせれば、自爆テロ用の自動運転車なども実現可能と見られている。

これらはペンタゴンほどの資金力を持たない「ＩＳ（イスラム国）」などテロ集団や、世界各地の武装勢力などにも製造可能だ。

つまり、本来なら米軍の優位性を確保するために開発されるはずだった自律的兵器は、皮肉にも、これまで米軍とテロ集団・武装勢力などとの間に存在してきた「兵器技術の非対称性」を打ち消す方向に働く可能性が高いのだ。

問われる科学・技術者の姿勢

以上のような逆転現象は、これまで軍事とは無関係だったグーグルをはじめとするハイテク・ＩＴ企業や、そこで働く技術者らにも難しい選択を迫りつつある。今回、三度目となる軍事刷新では、従来とは逆に米国防総省の方から先端的なＩＴ企業の方に歩み寄り、その優れた技術を軍事開発に取り入れようとしているからだ。

ペンタゴンは二〇一五年以降、米国のハイテク産業集積地帯である西のシリコンバレーと東のボストンに「国防イノベーション実験部隊（Defense Innovation Unit Experimental：ＤＩＵｘ）」という新たな拠点を設置。ここを通じ、ＡＩを軸とするスマート兵器の研究開発において、ＩＴ企業との連携を模索している。

これらの拠点では民間企業と共同で技術開発に臨むというより、むしろ積極的に彼らと人材交流を図ったり、地元の大学から優秀な理工系学生を採用するのが狙いと見られている。

ただし民生技術のエンジニアや理工系の学生らが、果たして兵器開発に関心を示すかは不透明だ。特にＡＩの研究開発では今、シリコンバレーのハイテク・ＩＴ企業が優秀な人材を鵜《う》の目鷹《たか》の目で探し求めており、彼らには当然のごとく高給が提示される。

また「自ら標的を定めるミサイル」や「誤爆の危険性があるドローン」など、ＡＩを搭載した自律的兵器には道義的な非難が浴びせられる恐れがある。民生技術に関わってきたエンジニアや学生らが、敢えて兵器の研究開発に転向するには、相当強い動機が必要となるだろう。かつては国防総省に育てられたシリコンバレーだが、今となって彼らがその恩に報いてくれるとは限らない。

このように、なかなか獲得し難い貴重な人材を発掘すべく、米軍は諸外国の研究者にも触手を伸ばしている。その中には当然、日本も含まれる。

たとえば米空軍は二〇一〇年度以降の六年間で、日本の大学研究者ら少なくとも延べ一二八人に約七億五〇〇〇万円の研究資金などを提供していた。さらに国際会議の費用と研究者の米国出張旅費でも計一二五件、計五〇〇〇万円以上を支援したとされる（「米空軍 大学研究者に8億円超　日本の延べ128人」毎日新聞電子版、二〇一七年二月八日より）。

同記事によれば、米軍からの資金受領が判明したのは京都大学情報学研究科や大阪大学工学研究科の教授ら計一一人（現在は他大学に移籍した人も含む）。それぞれ約一五〇万―四五〇〇万円を受け取ったという。教授らの専門は人工知能（ＡＩ）やレーザー技術など。

日本の研究者に資金を提供した理由として、米空軍の報道官は「米国だけでは手に入らない貴重な知見が得られるため」としている。

日本の研究者が米軍から研究資金を得ることは違法ではない。しかし「科学者の国会」とも呼ばれる、日本の科学者の代表機関「日本学術会議」は一九六七年、研究者や学界が米軍から資金提供を受けていたことをきっかけに、軍事研究を禁止する声明を出している。今回、米空軍からの資金受領が判明した教授らは「研究は平和目的で軍事研究には当たらない」としているが、言うまでもなく彼らの研究成果を米軍が兵器開発に応用する可能性は十分ある。

実際、米軍が今回、助成対象として募った研究テーマには「ロボットと人間がコミュニケーションするための技術」などが含まれており、これらは「第三の軍事刷新」の主力となる「AIを搭載した無人兵器（自律的兵器）」にも応用できるはずだ。

このように問題視されるのを承知で、日本の研究者が敢えて米軍から資金を得る主な理由は日頃の資金不足とされる。日本の大学から支給される交付金だけでは、ポスドク研究員（博士号取得後、任期制の職に就いている研究者）への給与をはじめ研究室の維持費を賄うことはできない。このため学外からの調達に頼らざるを得ないのだ。

特に米軍から提供される資金には拘束が少ないため、日本の研究者にとっては魅力的だ。たとえば米海軍・海事技術本部（Office of Naval Research：ＯＮＲ）は、年間約二〇億ドル（二〇〇〇億―二四〇〇億円）もの研究予算を持ち、これを世界各国の大学や産業界に配分している。こうした米軍からの資金は使途が基本的に自由であることに加え、その審査基準も比較的緩い。さらに研究者が、途中で研究の方向性を変えたいときも柔軟に対応できるとされる。

実際、日本の国立大学の男性教授は「ＯＮＲは軍事研究に特化しておらず、海洋に関して将来革新的な技術につながるようなものには投資してくれます。日本だったら一〇〇万円、二〇〇万円の研究費をもらうのに四〇枚以上の書類を書かないともらえませんが、ＯＮＲだったら数枚でもらえます。ＯＮＲはすぐに実らなくてもいい、技術革新につながっていくものに投資をするのです。そういうマインドが日本とは違いますね」と語っている（望月衣塑子《いそこ》『武器輸出と日本企業』角川新書、二〇一六年より）。

この発言からも窺えるように、軍事技術とそれ以外の技術（民生技術）との境界線は曖昧だ。特にＡＩのようにパワフルであると同時に、軍事と民生の両方に応用可能な技術は「デュアル・ユース（二重用途）」と呼ばれ、最近、日本の科学者の間で大きな問題となっている。その背景には、日本政府の歴史的な政策転換がある。

二〇一四年四月、第二次安倍内閣の下で、従来のいわゆる「武器輸出三原則」が大幅に見直され、今後は一定の審査を経れば、日本企業が中東など紛争当事国へも武器輸出することが原則的に可能となった。このため日本が開発した軍事技術のみならず民生技術までもが各種兵器へと応用され、紛争当事国などへも輸出されて実際に使われる恐れが出てきた。これが科学技術者の間で、デュアル・ユースへの懸念が高まる主な理由となっている。

自動運転ブームは軍事予算から

しかし他方では、軍事と民生、双方の研究が相まって技術開発が加速するという側面もある。特に米国では国防総省傘下の「DARPA」が主導する様々なプロジェクトが、画期的な民生技術の開発を促してきた。

（前述のように）過去の歴史を見れば、それは明らかだ。第二次世界大戦後の東西冷戦を背景に、米国は巨額の軍事予算を投じて半導体やジェット・エンジン、あるいはコンピュータやインターネットなど世界を変える技術を次々と開発し、これらがやがて民間に移転されて、新たな産業が次々と生まれた。

最近では自動運転車の開発が、それに該当するだろう。

元々、自動運転技術の開発は一九六〇―七〇年代に欧米や日本で始まったとされるが、そこで開発された試作車は「交差点で右折や左折などをする際、数分間、停車したまま考え込んでしまう」という体たらくだった。当時の自動運転は、最終的な製品化が目的ではなく、純粋に実験的な試みに過ぎなかったようだ。

これに対し、実用化を念頭に置いた本格的な自動運転の研究開発は一九八〇年代後半、米カーネギーメロン大学などを中心に始まり、それを後押ししたのがDARPAである。

中でも二〇〇四年、彼らが主催した「グランド・チャレンジ（DARPA Grand Challenge）」と呼ばれるレースが、自動運転技術の開発に火をつけたと言っても過言ではない。大学や企業の研究所、さらにはアマチュアの発明家などが、こぞって自動運転車を自作し、このレースに出場した。

しかし出場した車の大半はスタートから間もなく、止まったまま動かなくなったり、道路上で転倒（二輪車もあった）、あるいは煙を吐いて壊れるなどしてリタイヤに追い込まれた。ネバダ州の砂漠に設けられた全長約二三〇キロのコースを完走した自動運転車は皆無だった。

しかし翌二〇〇五年に開催された二回目のレースでは、スタンフォード大学やカーネギーメロン大学などがレースを引っ張る形で、五台の自動運転車が（約二八〇キロへと延長された）コースを完走するなど、目覚ましい進展を見せた。

ここで優勝したのはスタンフォード大学の研究チームが開発した「スタンレー」で、広大な砂漠や起伏に富む山岳地帯を貫くコースを六時間五四分で走り抜けた。

さらに二〇〇七年には名称を「アーバン・チャレンジ（DARPA Urban Challenge）」と変えて、文字通り都市部の道路環境でも走行できる自動運転技術の開発を競った。このときはカリフォルニア州のジョージ空軍基地内にレース場が設けられた。レースに参加した自動運転車は、横断歩道や信号など市街地を想定した約一〇〇キロのコースを、交通規則に従いつつ、他の車や歩行者の移動を妨げないように走ることが求められた。

このレースには、主に大学と企業の共同チームが出場した。優勝したのはカーネギーメロン大学とゼネラルモーターズ（GM）の共同チームで、彼らが開発した自動運転車は平均時速二二キロ、所要時間四時間一〇分でコースを完走した。大学と共同チームを編成した企業は大半がGMのような自動車メーカーだったが、中にはレイセオンなど軍事企業が開発に協力したケースもある。

以上の自動運転車レースでは、いずれも優勝から三位までの入賞チームには数百万—数十万ドル（数億—数千万円）の賞金がＤＡＲＰＡから与えられた。また主要メディアが大きく報じるなど注目度も高く、これらが研究者やエンジニアの開発意欲を刺激して技術開発に勢いがついた。

やがて米グーグルが自動運転技術の目覚ましい進化に注目し、二〇〇五年のＤＡＲＰＡグランド・チャレンジで優勝したスタンフォード大学の研究チームをヘッドハント。彼らは、二〇一〇年に創設された「グーグルＸ」と呼ばれる基礎研究所で、自動運転の研究開発を着々と進めた。

その試作車が実際に公道を走るデモ・ビデオが二〇一二年三月、ユーチューブ上に公開された。このビデオでは「視覚障碍《しょうがい》の男性が自動運転車に乗って、郊外のドライブスルーとクリーニング店まで出かける様子」が撮影され、この技術の意義が一目瞭然となった。

同ビデオはリリースから間もなく視聴回数が数百万回に達したため、グーグルが自動運転技術を開発していることが世界中に知れ渡った。間もなくドイツのダイムラーやアウディ（フォルクスワーゲン傘下）、スウェーデンのボルボ、日本のトヨタや日産、さらには米国のＧＭやフォードなど各国の主要メーカーが自動運転技術の開発競争へと本格的に参戦。

ここから現在の世界的な自動運転ブームへとつながるのである。

以上の経緯には、「軍事」と「民生」技術のデュアル・ユースについて深く考えさせる面がある。DARPAは元々、戦場や紛争地帯で兵士を助ける「軍事用の自動運転車」の開発を促すために、「グランド・チャレンジ」を主催したのである。

しかし現在に至るまで軍事用の自動運転車は実用化されていない。たとえば（お掃除ロボット「ルンバ」で有名な）米アイロボット社が開発した自動運転車が試験的に米軍に採用されたが、それが実際に戦場で活躍したという記録はない。

他にもロッキード・マーチンなど巨大企業が開発に参加し、軍事用の自動運転技術は実用化に近いレベルには達している。たとえば「隊列走行する複数台の自動運転トラックを、最後尾の車に乗った兵士が一人でコントロールする」といったシステムが開発されているが、恐らく「最後の詰め」とも言える何らかの技術的ハードルがクリアできないため、国防総省はその実用化に踏み切れないようだ。

このように軍事目的の開発が滞る中で、民生技術としての自動運転の開発はどんどん加速し、実用化が近付いている。つい最近まで一部メーカーが目指していた「二〇二〇年における完全自動運転車の実用化」は難しそうだが、米テスラなどによる部分的自動運転は既に製品化され、恐らく今から数年後には米ウーバーなどが（一部の都市など地域限定ながらも）自動運転によるタクシー・ビジネスを開始すると見られている。

つまり軍事予算に基づくＤＡＲＰＡグランド・チャレンジは、本来の目的であった米国の軍事力の増強ではなく、むしろ社会の利便性を高め、巨額のＧＤＰや雇用を生み出す新規産業を創出する、という皮肉な結果に終わっている。

問題は、これをどう見るかだ。もちろん（血を流す軍事ではなく平和な民生に応用されたことから）「結果良ければ、全て良し」と割り切るのは、あまりにも短絡的だろうが、逆に「軍事予算を受けた研究には断じて参加してはいけない」とする頑《かたく》なな姿勢に終始するのも考え物だ。

抜け目ないグーグルのやり方

このグランド・チャレンジ以上に微妙なケースは、同じくＤＡＲＰＡが主催した「ロボティクス・チャレンジ（DARPA Robotics Challenge：ＤＲＣ）」と呼ばれるプロジェクトである。これは、いわゆる「ヒューマノイド（ヒト型ロボット）」の技術開発を目的に、二〇一三―一五年にかけて米国で開催されたロボット競技会だ。

この背景には、二〇一一年に日本で発生した東日本大震災がある。福島第一原発の事故を受けてDARPA関係者は、原発建屋内に放射能が充満し、瓦礫《がれき》などが散乱する危険な事故現場で、人に代わって作業できるヒューマノイドが必要と考えた。

この開発を促すために、DARPAは実際の事故現場を想定し、「(ヒト型ロボットが)瓦礫を踏み越えたり、かき分けたりして進む」「梯子《はしご》を上って、作業用の通路を移動する」「壁にドリルで穴を開ける」など八種類の競技を設けて、これを世界各国から参加したヒューマノイドに競わせることにした。これがDRCで、そこには欧米や日本、韓国などから、シミュレーションによる事前審査を通過した一六の研究チームが参加した。

ただし、この種のロボットは軍事転用、たとえば「ロボット兵士」などへの技術転用が可能だ。改めて断るまでもなく、DRCプロジェクトに拠出される資金は軍事予算である。また前述の自動運転車であれば、仮にそれが戦場で使われたとしても直接、人を殺す兵器になるとは思えないが、ロボット兵士となると殺人兵器のイメージが強くなる。このため参加(競技会への出場)を検討する企業や研究者の中には、二の足を踏むケースも少なくなかった。

たとえば、当時ヒューマノイド技術で世界をリードしていると見られた「ASIMO

（アシモ）」の開発元である本田技研工業はＤＲＣへの参加を見送っている。理由は公式には明らかにされていないが、恐らくは自ら培った技術がＤＡＲＰＡに軍事転用されるのを懸念してのこと、と見られている。

こうした中、日本からＤＲＣに出場した開発チームのうち、最も注目を集めたのは「シャフト（ＳＣＨＡＦＴ）」というベンチャー企業だった。同社は二〇一二年に、東京大学大学院情報理工学系研究科・情報システム工学研究室からスピンアウト（独立・創業）した企業だ。

シャフトを共同創業した東京大学助教の中西雄飛、浦田順一の両氏は最初からＤＲＣに参加することを念頭に、敢えて東大助教の職を辞して、同社を創立したとされる。その理由は当時、東京大学がＤＲＣのような軍事予算による研究プロジェクトへの参加を禁止していたからだ。このため、どうしてもＤＲＣに出場したければ、東大を飛び出すしか道は無かった、というわけだ。

このシャフトの開発したヒューマノイドが、二〇一三年一二月に米フロリダ州で開催されたＤＲＣの予選競技会を首位で通過して世界トップクラスの技術力を証明。しかも、この直前に同社が米グーグルに買収されていたことも相まって、シャフトは一躍、世界的な脚光を浴びることになった。

しかし見方によっては、日本の国費（税金）を投じた東京大学のロボット研究の成果が米国企業に取られてしまったとも言えるため、二〇一四年五月に産経新聞で東京大学に対して、若干批判めいた記事が掲載された。それは「軍事研究に対する、東大の時代遅れの姿勢を責める」といった手厳しいものではなく、むしろ「これまでの姿勢に一考を促す」といったマイルドな論調だった。

が、それでも東大関係者には大いに考えさせられるところがあったのだろう。その翌年となる二〇一五年一月、同じく産経新聞が「東大、軍事研究を解禁　公開前提　一定歯止め」という見出しの記事を掲載した。それによれば（シャフトの母体となった）東京大学大学院情報理工学系研究科では、それまで軍事研究を原則禁止してきた「科学研究ガイドライン」を二〇一四年一二月に改定し、今後の軍事研究への道を拓《ひら》いたという。

この記事への反響が大きかったため、東大の濱田純一総長（当時）は同記事が掲載された当日、「東京大学における軍事研究の禁止について」と題する声明を発表。そこでは「軍事研究禁止の原則を一般的に論じるよりも、今後は研究成果の公開を前提として、個々のケースを具体的に考えながら、適切なデュアル・ユースの在り方を議論し、対応していく」との主旨を表明している。かなり慎重で回りくどい表現ながらも、確かに「事実上の軍事研究」解禁という印象を受ける。

この声明を受けて、東京大学の教職員組合などから抗議の声が巻き起こった。これには歴史的背景がある。かつて第二次世界大戦の最中、軍の兵器開発に加担したことへの深い反省から、東京大学は戦後の一九五〇―六〇年代にかけて「軍事研究は一切行わない。外国も含め、軍事関係からの研究援助は受けない」という大原則を設け、その後半世紀にわたって、これを固守してきた。

「それほど重要な原則を、そう簡単に放棄していいのか。政府から何らかの圧力を受けて、それに東大が屈したのではないか」というのが教職員らによる抗議の主旨である。これに対し東大側では「軍事研究はしないという（従来の）表現を、（新たな）倫理規定に合わせて両義性（デュアル・ユース）という言葉に置き換えただけで、（政府の）圧力に屈したのではない」と回答している（『武器輸出と日本企業』より）。

これでは一体、軍事研究を容認するのかしないのか、よく分からない内容である。恐らく、東大内部でも相当揉《も》めているため、なかなか明確な姿勢を打ち出せないのだろう。

それは東大だけに限った話ではない。日本学術会議は二〇一七年四月に開催された総会で、半世紀ぶりとなる新たな声明を発表する運びとなった。そこでは「（軍事目的の研究は行わない、という）従来の声明を継承する」とした一方で、軍事技術の研究を明確に禁止する文言は盛り込まれなかった。その上で日本の各大学に対し、軍事研究とみなされる可能性のある研究について、その適切性を審査する制度の創設を促している。

つまり具体的な対応を各大学に求める形となっており、かつての一枚岩が崩れる気配もある。（前述の通り）既に日本の一部研究者が米軍から資金を得て、先端技術の開発を進めるなど、なし崩し的に従来の禁止原則が効力を失っていこうとしているのも事実。日本の科学・技術者はこれまで明確に示されてきた道標を見失いつつあるようだ。

そうした中で注目すべきは、米グーグルの処世術である。二〇一二年、グーグルに買収されたシャフトは、ＤＲＣの予選競技会を首位で通過しながら、二〇一五年六月にカリフォルニア州で開催された本選競技会への参加を見送った。その理由としては「（シャフトの親会社である）グーグルが自らの研究成果を他の参加チームに見せるのを嫌がった」など諸説あるが、一方で「ＤＲＣのような（一種の）軍事プロジェクトへの参加をグーグルが敬遠した」との見方もある。真相は定かではないが、その可能性は十分あるだろう。

いずれにせよグーグルは、かつて「ＤＡＲＰＡグランド・チャレンジ」で培われた自動運転技術を労せずして手に入れたように、より難しい判断が迫られるＤＲＣにおいても、自身は軍事プロジェクトに加担することなく、そこから生まれた果実（シャフト）だけを、まんまと手に入れた（ただしグーグルが二〇一三年に買収した米ボストン・ダイナミクスが、それ以前からＤＲＣに、同プロジェクトの基本となるロボット技術を提供する契約を交わしていたので、ここを通じて、間接的にグーグルもＤＲＣに参加することになった）。

日本の大学や企業も、軍事研究を頭ごなしに否定したり拒絶反応を示すより、むしろグーグルのように抜け目なく振る舞うという対応も、現実的な選択肢として考えていくべきではないだろうか。

無論、グーグルのそうした姿勢は、「核廃絶」に象徴されるような世界の軍縮運動に何ら寄与するものではない。しかし日本の企業やそこで働く研究者達が軍事開発に直接加担することを回避しながら、世界的な技術開発の最前線に留まり続ける上で、大いに参考とすべきところがあろう。

もちろん「核廃絶」や「軍事研究の禁止」といった理想、ないしは原則が全く無意味だと言っているわけではない。理想があるからこそ、個人としての人間も人類も希望を捨てずに生きていくことができる。

が、一方で、理想が現実世界では、あまり役には立たないのも、また事実だ。それは当初、核廃絶の理想を掲げ、二〇〇九年にノーベル平和賞まで受賞したバラク・オバマ大統領（当時）の米国政府が、その後、どのような道を辿ったかを見れば明らかだ。

米国のスマート核兵器とは

オバマ政権が発足してから二年目の二〇一〇年、米国がロシアと合意した新戦略核兵器削減条約（新ＳＴＡＲＴ）では、米ロ両国が戦略核兵器（大陸間弾道ミサイルなど比較的、大規模な核兵器）の配備核弾頭数を各々、これまでの上限よりも三〇パーセント少ない一五五〇発にまで削減することなどが定められた。その期限は同条約が発効する二〇一一年から七年以内となる二〇一八年。

ただし条約発効前の米国が配備していた核弾頭数は一八〇〇、一方のロシアは一五三七。つまりロシアは既に新ＳＴＡＲＴの条件をクリアしていたので、事実上は米国が一方的に核弾頭の数を減らす、という条約だった。

が、このように従来の大型核兵器を削減する一方で、米国は「第三の軍事刷新」の一環として、より小型で操作精度の高いスマート核兵器を開発しようとしていた。その一つは

「B61モデル12」と呼ばれるもので、これは爆撃機や戦闘機などから発射される小型ミサイル形式の核爆弾である。

B61の「モデル1」は一九六〇年代に開発されたが、その後、モデルチェンジを重ねる度にスマート化（高度化）の度合いを強めていった。最新の「モデル12」では高性能コンピュータを搭載することで、たとえば「トンネルの奥深くに隠された敵の武器庫」など、より難しいターゲットにも高い精度で命中させることが可能になった。

さらにターゲットの種類や大きさなどに応じて、核爆発のエネルギーを調節することにより、核爆発のパワー（威力）や影響範囲を必要最小限に抑えることができる。これによって（ターゲットの近隣地域に居住する）一般市民の巻き添え被害などを未然に防ぐことを狙っている。核爆発のエネルギーは、最小で「広島に投下された原爆」の二パーセントにまで落とすことができるという。

こうしたスマート核兵器の開発を進めたオバマ政権の意図は明白だ。それは政権発足時に掲げた「核廃絶」という遠大な目標に少しでも近付くため、核兵器のエネルギー（つまり、核爆発を引き起こすウランやプルトニウムなど放射性物質の量）を最小限に抑えようとしたのだ。

が、これに対する周囲の反応は複雑だった。「核廃絶に向けて、合理的かつ現実的な取り組み」と評価する声がある一方で、中には真っ向から反対する意見も聞かれた。たとえば、一九九〇年代のクリントン政権で国防長官を務めたウィリアム・ペリー氏らが、スマート核兵器の開発に異議を唱えた。核兵器の高度化によって、かえって従来の核兵器が持っていた「核の（戦争）抑止力」が失われてしまう恐れがあるからだ。

つまり従来の原爆や水爆などであれば、その巨大な破壊力や放射能汚染などを制御できなかった。結果、広範囲の地域に壊滅的な被害をもたらすため、敵対する当事国の間に（核兵器の使用につながりかねない）全面戦争を何とか回避しようとする動きが生まれた。これが、いわゆる「核の抑止力」である。

これに対し、スマート核兵器のように、核爆発の威力をミニマムに抑えられるとすれば、当事国の間に「それなら戦争になってもいいし、止《や》むを得ない場合には核兵器を使う選択肢もありではないか」という気運が生まれるかもしれない。つまり「核の抑止力」が失われてしまうという考え方である。

それ以上に根本的な疑問の声も上がった。つまり「スマート核兵器とは、核に対する米国の偽善的な政策の象徴ではないか」という見方だ。

と言うのも、オバマ政権が発足した当初、前述の「新ＳＴＡＲＴ」など米国はロシアとの交渉を進め、両国の間で（たとえ少しずつでも）核兵器の削減に向けた合意に漕ぎ着けた。が、その後、米国を中心とするＮＡＴＯ（北大西洋条約機構）の東方拡大や、これに反発したロシアのクリミア併合などを経て、米ロ両国の関係は東西冷戦時代に逆戻りしたかと思われるほど悪化。これによって、一旦進むかに見えた「核兵器の削減交渉」は完全に棚上げされてしまった。

そうした中で英エコノミスト誌や米ニューヨーク・タイムズ紙など主要メディアが二〇一六年一月、「オバマ政権は、今後三〇年間で一兆ドル（一〇〇兆―一二〇兆円）もの巨額予算を投じて、米国の核戦力を更新する計画だ」と報じた。これを受け世界各国の間で「結局、オバマ政権は本気で核廃絶を目指す意欲を失った」との見方が広がった。

それを象徴的に示しているのが、前述のようなスマート核兵器の開発というわけだ。確かに、核兵器の爆発エネルギーを最小限に抑えるとすれば、それは物理的には「核物質の削減」につながる。が、それは本来、オバマ政権が目指していた「核兵器の削減」とは似て非なるものだ。

むしろ、より使い易いスマート核兵器を生み出すという点では、「核廃絶」というよりも「核開発」ではないか、という皮肉な見方が広がったのである。

軍拡に歯止めをかけるのは経済的限界

こうした米国の姿勢を、対立諸国は「ここぞ」とばかりに攻撃した。まずロシア政府はB61のようなスマート核兵器の開発・実験を行う米国を「無責任で挑発的」と非難。一方、中国は（前述の通り）米国が開発中の「長距離対艦ミサイル（LRASM）」に危機感を募らせ、自らも同様のスマート巡航ミサイルの開発に乗り出した。

さらに北朝鮮も二〇一六年一月に（自称）水爆の実験を強行し、「我々が核実験を実施したのは、米国が加速しつつある核開発の脅威に対抗するためだ」と責任を相手になすりつけた。ここから北朝鮮による相次ぐ弾道ミサイルの発射実験や米国による原子力空母の派遣など、朝鮮半島を巡る国際情勢が急速に緊迫化していった。

これらのことから、今後は核廃絶どころか、核兵器を巡る新たな軍拡競争が始まるのではないかとの懸念さえ生まれている。

特に米国が進めようとしているスマート核兵器が諸外国にも広がれば、戦争当事国が互いに核爆発の威力を制御できることで、逆に「限定的な核戦争」の可能性が、かつてないほど現実味を帯びてくるとの指摘がある。

これに対しては「そのように核戦争が現実的になってくれば、むしろ各国政府はより慎重に対応するから安全だ」という意見と、逆に「いや各国政府の間に疑心暗鬼を呼んで、一触即発の事態を招きかねない」という正反対の意見が政策担当者の間で聞かれる。要するに、不毛な水掛け論に陥ってしまい、肝心の核廃絶を実現する建設的で具体的な提言は見当たらない。

皮肉なことに、仮に新たな軍拡競争に歯止めをかけるものがあるとすれば、それは「世界平和」のような理想論や道義的な責任感などではなく、むしろ純粋に経済的な限界と言われている。たとえば米国のスマート核兵器は従来に比べ、格段に開発コストが増すので、今後、連邦議会において予算面での制限がかかる可能性があるという。

しかし、そこには核兵器の削減へと向かうほどの勢いはない。

それどころか二〇一七年に発足したトランプ政権では、(前述のように米国だけが核弾頭数を減らす)新STARTを「一方的な合意」と非難。今後は「むしろロシアや中国に対抗すべく核備蓄を増強し、米国が最高レベルの核戦力を保持する」と表明している。

オバマ政権が打ち出した「一兆ドルを投じての核戦力更新プログラム」について、トランプ政権はこれまで態度を保留しているが、こちらの路線は踏襲するとの見方が強まっている。

究極の判断をコンピュータに委ねる

発足当初、高い理想を掲げたオバマ政権が結局、核廃絶どころかスマート核兵器など核戦力の更新や（その後のトランプ政権を経て）軍備増強へと追い込まれていったのは、ロッキード・マーチンやレイセオンなど軍需産業と国防総省・米軍との強固な関係、いわゆる「産軍複合体」の力が強過ぎて、大統領の手に負えなかったからだ。

よく軍事関係者の間では「戦争があるから武器が製造されるのではなく、武器を製造するために戦争があるのだ」と言われるが、この皮肉な見方は「当たらずといえども遠からず」であろう。

たとえば「第三の軍事刷新」にしても「スマート核兵器」にしても、ペンタゴンがこれら軍事改革を推し進める表向きの理由は「中ロなど対立国への軍事的優位性を確保するため」だが、結果的に軍需産業が潤うことも厳然たる事実である。

自由世界のリーダーとして強大な権力を揮《ふる》う合衆国大統領でさえ、押し止《とど》めることができきない軍拡競争の中で、日本を含む世界の科学・技術者達はこれにどう向き合っていけばいいのだろうか？

これについて私は「これからの研究者はこのように行動すべきだ」とする意見を持たない。無責任に聞こえるかもしれないが、一律に規制できない以上、結局は科学者個人の判断に委ねるしかないだろう。

たとえ「日本の科学・技術者は断じて軍事研究に加担してはいけないし、軍事関係の予算を受けてはいけない」と主張したところで、（繰り返すが）軍事と民生技術の間の線引きは容易ではない。またＤＡＲＰＡ主催の自動運転レースやロボット競技会のようなチャンスを頑なに拒んでしまえば、日本の研究者は世界的なテクノロジーの潮流から取り残されてしまう。

恐らく、これからの科学・技術者は、自身が所属する組織や何らかの同業団体、あるいは政府が定めた統一的な指針や原則などに頼るよりも、個々の良識や見通しに従って、ケース・バイ・ケースの判断で、研究・開発を進めて行かざるを得なくなる。

中でもＡＩ研究者は、ひときわ微妙で難しい判断を迫られるだろう。

一九世紀にスウェーデンのノーベルが発明したダイナマイト、あるいは一九世紀末から二〇世紀にかけてフランスのベクレルやキュリー夫妻らが発見した、放射性元素とそこから生まれた核兵器は、いずれも、それ自体が多数の人間を殺傷する恐るべき破壊力を備えていた。

これに対し二一世紀に大きく開花したＡＩ（人工知能）は、それ自体に殺傷能力や破壊力はない。しかし、この技術が今後、世界の軍需産業に深く組み込まれてしまえば、取り返しのつかない事態を招く恐れがある。

かつて米クリントン政権下で国防長官を務めた（前出の）ウィリアム・ペリー氏は、米ニューヨーク・タイムズ紙に寄稿した記事の中で、次のような体験談を紹介している。

それは同氏が国防総省の研究開発担当・副長官を務めていた一九七〇年代のことだ。ある日の深夜、ペリー氏は米軍大将からの緊急電話で叩き起こされた。国防総省のコンピュータ・システムが、ソビエト連邦から発射された二〇〇発の大陸間弾道ミサイルを自動検知して警報を発したという。

これを聞いた瞬間、ペリー氏は「世界の終わり」を覚悟した。しかし受話器から聞こえる大将の声は、「いえ、これはフォルス・アラーム（誤認警報）であることが、すぐに判明しました。私が電話したのは、このコンピュータ・システムのどこがおかしいかを貴方

（ペリー氏）がお分かりになるかどうか、それを聞きたかったからです」と告げた。ペリー氏は胸を撫で下ろしたという。

このエピソードは、私達人類がその存亡に関わる究極の判断を、コンピュータに委ねることの危険性を如実に物語っている。現在、急激に発達するＡＩが引き起こすスーパー自動化のうねりは、この恐怖を次のステップへと押し上げるものだ。人工知能の研究開発に携わる科学・技術者のみならず、私達のような一般市民も相応の思慮深さと責任感を持って、新しい時代に向き合わねばならないだろう。

第五章　スーパー・オートメーションの罠《わな》

私達人類の歴史は今、類い稀《まれ》な分岐点に差し掛かっている。ここまで見てきたように、ブラックボックス化された人工知能が、「交通」や「医療」、さらには「軍事」など、社会・国家の中枢に組み込まれようとしているからだ。

もちろん普段の生活やビジネスの範囲内であれば、AIによる自動化は歓迎すべきことかもしれない。しかし「人の生死」や「国の安全保障」などを左右する最重要事項について、AIにその判断や意思決定を委ねることは、人類にとって果たして正しい選択であろうか？

その如何《いかん》にかかわらず、人工知能の安全性を確保するための試みは既に始まっている。

たとえばグーグル、アマゾン、フェイスブック、マイクロソフト、そしてIBMの五大IT企業は二〇一六年九月、各種AIシステムの開発と展開における、倫理的なガイドラインを今後、共同で作成するための非営利団体を設立。また彼らの後を追うように、米国のハイテク教育をリードするカーネギーメロン大学が、同じく人工知能の倫理面にフォーカスした研究所を立ち上げた。

一方、日本の人工知能学会も倫理委員会を創設し、二〇一七年二月には「人工知能学会倫理指針」を発表した。そこには「人類への貢献」「法規制の順守」「他者のプライバシーの尊重」「誠実な振る舞い」「社会に対する責任」など、倫理的なＡＩを開発するための九項目にわたる綱領が記されている。

ただ、いずれの試みも始まったばかりである上、「人工知能の倫理」と言われても漠然としているため、それを実現するための具体策に欠ける嫌いもある。また「倫理」という言葉には、ある種の人格性を彷彿させるものがあり、まるで今すぐにでも「意識」や「心」を備えた汎用ＡＩが登場する、とでもいった印象を与えかねない。が、第一章でも述べたように、そうした超越的な人工知能が出現するのは、恐らく遠い未来の出来事であろう。

それよりむしろ現時点では、今あるＡＩの実力を過不足なく評価し、それができることとできないことを峻別《しゅんべつ》する方が先決ではなかろうか。なぜならＡＩの実力を知らなければ、その脅威の実態や程度を正確に把握することは難しいからだ。

原発事故を想定したロボットとは

現在のＡＩ、あるいはそれが搭載された次世代ロボットの実力を見積もる上で、恰好の事例となるのが第四章でも紹介した「ＤＡＲＰＡロボティクス・チャレンジ（ＤＲＣ）」

だ。これはDARPA（米国防高等研究計画局）が主催する次世代ロボット競技会である。この予選で優勝した日本のシャフトが、グーグルに買収されるなどして注目を浴びたことは前述の通りだ。

DRCの本選大会は二〇一五年六月、米カリフォルニア州の公共施設「フェアプレックス」で開催された。予選同様、競技会場には原発事故の現場で人間に代わって働くロボットが取り組むであろう、各種作業を想定した複数の競技設備が用意された。

それらの競技とは、

①（ロボットが）事故現場まで車を運転していく（ただし現時点のロボットは自力で車に乗れないので、人間が乗せてあげる必要がある）。
②車を降りる。
③ドアを開けて建屋の内部に入る。
④バルブを閉める。
⑤壁にドリルで穴を開ける。
⑥当日明らかになる課題。
⑦瓦礫の上、または悪路を歩く。

⑧　階段を上がる。

これら八種目の競技に、米国、日本、香港、韓国、ドイツ、イタリアの六ヵ国（地域）から参加した二三の研究チーム（の開発したロボット）が出場した。いずれも各国を代表する一流大学や研究所の科学者チームだ。因みに日本からは、産業総合研究所とNEDO（新エネルギー・産業技術総合開発機構）の共同チームなどが参戦した。

彼らが開発したロボットは、その多くが「ヒューマノイド（人型ロボット）」だが、中には一見蜘蛛《くも》のような形の四足ロボットなども見られた。このようにヒューマノイドが大半を占めた理由は、元々、原子力発電所の建屋は人間が働くことを想定して作られているので、その解体・復旧などに従事するロボットも人間の形をしていた方が作業し易いだろう、という考えに基づく。

これらロボットは基本的に無線通信を介して、競技施設から少し距離を置いたオペレーション・ルームにいる（各参加チームの）科学者らによって操作される。ただし、この無線通信は時折、競技会を主催するDARPAによって意図的に妨害されるので、その間、ロボットは自力で動くことが求められる。これはロボットにある程度の自律性を養うために、ＤＡＲＰＡが考案したアイディアだ。

たとえば「ロボットが瓦礫を踏み越えて歩く」、あるいは「ドアのノブを自分の手で回してドアを開ける」「壁にドリルで穴を開ける」といった動作自体はロボットが自力で（つまり自律的に）行わなければならない。

が、これら動作の命令をロボットに出すのは、あくまでもオペレーション・ルームにいる科学者（人間）なのだ。つまり人間の大まかな指示に従いつつも、細かい具体的な動きはロボットが自動的に行わなければならない。こうしたやり方は専門家の間で「半自律的（semi-autonomous）」、あるいは「制御下での自律性（supervised autonomy）」などと呼ばれている。

競技会に出場する次世代ロボットの基本的な仕様が、このようになっているのには理由がある。それはロボットに搭載されるＡＩが、これまで偏った発達をしてきたからだ。

ここまで何度か紹介したように、ディープラーニングに代表される現代ＡＩは「画像・音声」などパターン認識の分野では近年、長足の進化を遂げた。が、一方で作業の目的を自ら設定したり、それを達成するための手順を編み出すなど、我々人間に備わっている計画的な知能を養うまでには至っていない。

その部分はあくまでも人間が考えて、ロボットに命令を出さないといけないのだ。この命令（手順）に従って、ロボットは外界を正確に認識した上で、たとえば瓦礫を乗り越えて建屋まで行ったり、ドリルで壁に穴を開けたりしながら、最終的な目標（DRCの場合は、原発施設の解体あるいは復旧）を達成する。これこそ、DARPAが目指す「半自律的なロボットと人間との共同作業」なのだ。

悪戦苦闘の末に、人の共感を勝ち得る

では実際に、そうしたビジョンは現時点でどこまで実現されつつあるのか？　DRCに出場したロボットのパフォーマンスを見る限り、それを達成するまでの道のりは、まだ相当長いと言わざるを得ない。

まず二〇一三年一二月に米フロリダ州で開催された予選会では、ロボット達の動作の鈍さが目立った。優勝したシャフトのロボットでさえ、僅か九段の梯子を上り切るまでに八分以上を要した。

が、これはまだマシな方で、出場したロボット達の中には止まったまま動かなくなるものが続出した。競技会場にいた観衆が「このまま動かないのかなあ……」と、じっと見つ

めていると、忘れた頃にロボットはまた動き出すのである。これを取材していた米国メディアの記者達は、ロボットの動きの遅さを「まるで草が育つのを見ているようだ」と評した。

この予選から約一年半後に開催された本選競技会でも、出場したロボット達の性能はそれほど劇的に改善したわけではなかった。ここで優勝したのはＫＡＩＳＴ（韓国先端科学研究所）が開発したヒューマノイドだが、それでも八種目の競技をやり切るまでに四四分余りを要した。人間なら、恐らく七、八分もあれば十分だろう。

が、実は全競技をやり抜いただけでも立派なもので、大半のロボットは競技の途中でリタイヤに追い込まれた。出場したロボット達の約半数は三種目目の「建屋のドアを開ける」前に停止したり、壊れたりして動かなくなってしまった。

この様子を競技会場で見ていた米国の著名なロボット研究者は「ターミネーターが怖ければ、部屋に隠れてドアを閉めておけば大丈夫だな」と皮肉交じりに呟《つぶや》いたという。ＤＡＲＰＡ主催の競技会であるため、ここに出場したロボットがいずれは軍事用ヒューマノイド、つまりハリウッド映画「ターミネーター」に登場するような殺人ロボットに進化するのではないか、という一部の懸念を揶揄《やゆ》したのである。現時点では、そうしたＳＦのような技術水準には程遠いということだ。

特に本選競技会では、（予選のときには許可されていた）ロボットの背中につける「転倒防止用の命綱」が禁止されたことも大きかった。競技に参加したロボット達の中には、「外界の認識能力」が不十分であったり、「動作の安定性」に欠けるものが少なくない。

このため彼らは競技の途中でふらついて転んでしまったが、その重量はいずれも数百キログラムと非常に重いので、転倒すると即壊れてしまう。壊れたロボットから外れて飛び出したネジが、地面をコロコロと転がる様は、これを見守っていた観衆の涙を誘うほどだった。

が、こうした哀れなロボットの姿は、DARPAが予想もしなかったプラス効果をもたらした。競技会場を見物に訪れた沢山の人たちが、悪戦苦闘するロボット達に同情、あるいは共感を示し始めたのだ。特に子供たちを中心に、ロボットが動かなくなると「頑張れ、ロボット！」という声援が送られ、それが再び動き出すと拍手喝采が巻き起こった。

DARPAのプログラム・マネージャー、ギル・プラット氏（現在は米シリコンバレーにあるトヨタ・リサーチ・インスティテュートの最高経営責任者）は、競技会終了後の挨拶で「昨今『ロボットが世界を征服して、人々を殺し始める』という報道が多い中で、今回、ロボットと人の間に初めて親密な感情が芽生えたことは新たな発見だった」と述べた。

因みにＤＲＣの基盤技術となったのは、米ボストン・ダイナミクス社が開発した「アトラス」と呼ばれるヒューマノイドで、参加チームの幾つかは、このアトラスをベースにしたロボットで競技に臨んだが途中でリタイヤするケースが多かった。

翌二〇一六年にユーチューブ上で公開されたデモ動画では、アトラスは人から棒で突かれても踏ん張るなどバランス面で大幅に改良されたが、それでも本格的な作業ができるまでには至っていない。

このボストン・ダイナミクスと前述のシャフトは二〇一七年六月、グーグルから日本のソフトバンクへと売却されることが発表された。グーグルが両社を手放した理由は、彼らが開発するロボットの商品化の目途が当面は立たないためと見られている。これとは対照的にソフトバンクは、もっと長期的な視点からロボット事業を考えているようだ。

ロボットはどこまで人間に近付いたか

これら次世代ロボット、特にヒューマノイドの性能を飛躍的に高める技術として期待されているのが、（ここまで何度か紹介した）ディープラーニングだ。既に米カリフォルニア大学バークレイ校をはじめ世界各国の大学や研究所で、このニューラルネット技術をロボットに搭載することにより、その外界認識能力や動作精度・速度を上げるための研究開発が進められている。

が、それをもってしても、現在のところ、こうしたヒューマノイドがやれることは、せいぜい「手でボトルの蓋を閉める」「コンセントにコードを差し込む」あるいは「レゴ・ブロックを組み立てる」といった程度のことだ。それも「何とかやれる」といった感じの覚束《おぼつか》ない動作なのである。

しかし一方で、囲碁・将棋ソフトが人間の世界チャンピオンや名人を打破したり、世界的な資産運用会社の取引システムが何兆円もの巨額資金を運用したり、ＩＢＭの「ワトソン」が企業の経営支援をしたり、医療用のディープラーニング・システムが医師を凌ぐ精度とスピードで病気を診断したりしている。いずれも先端的なＡＩ技術の賜物であることは言うまでもない。

つまり現在のＡＩは、通常の人間ならとても敵《かな》わないような難題を楽々とこなす一方で、「梯子を上る」「(ノブを回して) ドアを開ける」あるいは「ボトルの蓋を閉める」といった、子供でも簡単にできる日常行為に四苦八苦している。

この不思議な現象は、一九八〇年代にカーネギーメロン大学のＡＩ・ロボット研究者であるハンス・モラベック氏が指摘したことから「モラベックのパラドックス」として知られている。つまり今から三〇年以上も前に発見された人工知能の根本的問題が、いまだに解決されないまま残されているのだ。

これを別の角度から見れば、ロボットをその創造主たる人間に似せようとする行為が、科学者にとって、いかに難しい取り組みであるかを如実に示している。

裁判や人事考課にＡＩを活用

結局、社会の様々な領域において、これまで人間がこなしてきた何らかの作業をＡＩで代替することはできても、全人格的な「人間」という存在を丸ごとＡＩに置き換えることはできない。そして社会のどんな領域における、どのような作業をＡＩに任せるべきか、その妥当性をチェックしていくのは、（総合的な見識と常識を備えた）私達人間に課せられた、これからの使命だ。

これは一見、当たり前のことと思われるかもしれない。が、実際には、この当たり前のチェック機能が働くことなく、既に現代社会の随所にＡＩが導入されつつある。

たとえば米国の裁判所では、数年前から判決を下す際の支援システムとして、ある種のＡＩソフトが使用されている。その一つである「コンパス（Compas）」と呼ばれるシステムでは、被告の「犯罪歴」「薬物乱用歴」「家庭環境」「学歴」「社会適応性」など各種の個人データを解析し、被告が社会で再び犯罪を犯す確率を算出する。

二〇一三年、米ウィスコンシン州で銃犯罪に間接的に関与し、逮捕された男性の裁判でも「コンパス」が使われ、それによって男性の再犯確率は極めて高いと判定された。この情報を参考に、男性には六年の実刑判決が下された。

その後、服役した男性は弁護士を通じて、コンパスがどのようにして自分の再犯確率を算出したのか、そのアルゴリズムを開示することをソフト製造元の米ノースポイント社に要求した。が、同社は「アルゴリズムは企業秘密」として開示を拒否。このため男性は司法当局に異議を申し立て、現在、再審の可否が検討されている最中だ（"Sent to Prison by a Software Program's Secret Algorithms" Adam Liptak, *The New York Times*, May 1, 2017 より）。

一方、シンガポールでは公共交通サービスを提供するＳＭＲＴ社が、二〇一六年秋に日本のＮＥＣ製のＡＩシステムを導入。このＡＩは「異種混合学習」というアルゴリズムに基づき、バス運転手二〇〇〇人の中から、事故を起こす確率の高い人を見つける。その際に使われるのは運転手の「出身国」「年齢」「ブレーキやアクセルの履歴」など各種の個人データだ。事故を起こす可能性が高いと判定された運転手は、会社から呼び出されて教習を受ける。

中でもマレーシア出身の運転手がよく呼び出されるため、関係者から「差別と受け取られかねない。一体、ＡＩはどのように判断しているのか。運転手に説明できるようにしてほしい」と抗議の声が上がったという（「ＡＩ開発にも倫理を、実現するか『人道知能』」吉野次郎、小川知世、世瀬周一郎、「日本経済新聞」二〇一七年三月二一日より）。

ＡＩによる真の脅威とは何か

米国やシンガポールで使われている、これらＡＩソフトが何らかのパターン認識を行うアルゴリズムであることは間違いない。ディープラーニングもそうしたアルゴリズムの一つだが、この種の人工知能は深刻な限界を抱えている。これについて最近、以下のような興味深い研究成果が報告された。

米メリーランド大学のＡＩ研究者らが、ディープラーニングに大量の漫画を読ませて機械学習させたが、人間のように漫画を理解できるようにはならなかったという。機械学習を終えた、このＡＩシステムに、漫画を多数のコマへとバラバラに分解したテスト・セットを入力したところ、本来とは違う順番でコマを並べ替えてしまうのだ。

ディープラーニングは、漫画の各コマに何が描かれているかを知るためのパターン認識能力には秀でているが、コマとコマの間をつなぐ想像力が欠如しているからだ。

しかし「被告の再犯確率」や「バス運転手が事故を起こす可能性」など究極の評価基準を、単なるパターン認識に基づいて弾き出すのは、あまりにも安易であろう。むしろ、その人が過去にどのような人生を歩んできたのか、あるいはどんな状況で犯罪や事故が引き起こされたのか、これら全てに思いを馳《は》せ、できる限りの想像力を働かせて判断すべきではないのか。それなのに、現時点で最高峰のＡＩにも、そうした能力は備わっていないのだ。

ＡＩ（あるいは、それを搭載したマシン）はまた、人間のような心を持たない。人の生死や運命を左右する重大な事柄において、その帰趨《きすう》を決定するのは、往々にして当事者を取り巻く人々の心だ。

たとえば患者を診断する医師を想像してみよう。優れた医師は、あらゆる角度から症状に関する質問を患者に投げかけて、病気の本当の原因を探り当てようとする。もちろん患者の血液検査も行い、レントゲン写真を撮影し、今後はディープラーニングで患部断層画像の解析も行うようになるだろう。しかし、それらは医師が病気の原因を突き止めるためのツールに過ぎない。

ＡＩのようなツールは病気の原因を探そうとはしないし、患者を治そうともしない。全ての手を尽くし、何としても患者を救おうとする「心」を持った医師が、ツールを使って患者を治すのだ。

逆に、いつの日か私達がそうした本来の心を失い、ＡＩによるスーパー・オートメーションに全ての判断を委ねるとき、人は人であることを止め、人の姿をしたロボットになる。

ＡＩがもたらす真の脅威とは、それが人間を殺すことではなく、むしろ人間性を殺すことなのかもしれない。私達はこれを警戒する必要があるのだ。

おわりに

本書はＡＩのような時代をリードする科学技術が、その創造主である人間（人類）に牙を剝《む》くことへの警鐘を鳴らすために書かれました。

実は今から約二〇〇年前にも、同様のテーマを扱った作品があります。それは英国の小説家メアリ・シェリーが一八一八年に発表した『フランケンシュタイン、あるいは現代のプロメテウス（Frankenstein：or The Modern Prometheus）』です。

世界的な名作を引き合いに出すような大それた意図は毛頭ありませんが、このフランケンシュタインもまた、暴走する科学技術と人間との悲劇的な関係を描いています。

スイスの名家に生まれた主人公、ヴィクトル・フランケンシュタインは若くしてドイツの大学に留学し、化学や生理学、さらには解剖学など最先端の自然科学を修めます。やがて「生命の根源を解き明かし、それを人工的に作り出す」という野望を抱いたフランケンシュタインは狂気の研究に没頭し、物寂しい一一月のある夜、実験室で複数の死体をつなぎ合わせた物体に生命を吹き込むスパーク（電気火花）を注入して、ついに人造人間（怪物）を作り出します――。

以上のような原作と、後世の映画やテレビ番組などでリメークされた作品とでは大分食い違っています。まず原作におけるフランケンシュタインは怪物を作り出した若き科学者ですが、後世では、いつの間にか怪物自身の名前になってしまいました。また映画などに登場するフランケンシュタインは頭の鈍い巨人ですが、原作の怪物は人間を遥かに凌ぐ高い知能と、（本来は）善良で繊細な性格の持ち主です。

なぜ原作者のメアリは、怪物を「生まれながらに極悪非道の生き物」ではなく、むしろ「善良で傷つき易い性格」として設定したのでしょうか？　それは恐らく「科学技術の二面性」を寓話的《ぐうわてき》に表現したかったからでしょう。

（小説ですから、あくまで空想の産物とはいえ）当時としては先端技術の粋を凝らして作られた怪物は本来、優しく良心的であったのに、彼に遭遇した人々、さらには自身の創造主である科学者にまで邪険に扱われて悪の道へと走り、科学者の弟を手始めに親友、ついには最愛の妻までも殺してしまいます。これに象徴されるように、科学技術は、それに接する人間の扱い方次第で、善にも悪にも転び得るということです。

今では「SF小説の元祖」とも目されるフランケンシュタインですが、メアリはそれにリアリティを与えるべく腐心した形跡があります。有名な詩人である夫、パーシー・シェリーや、その友人バイロン卿をはじめ知識人との交流から最新の科学情報を吸収したメアリは、イタリア人の医師・生理学者ガルバーニが一八世紀末に発見した生体電気に着想を得て、フランケンシュタインを執筆しました。「電気火花によって、死体をつなぎ合わせた物体に生命が吹き込まれる」といった話の展開に、それが表れています。

が、一方でこの作品には、彼女自身の私生活も色濃く影を落としていると見られます。作品が発表される三年余り前の一八一四年七月、メアリは既に妻帯者であったシェリーと駆け落ちし、ヨーロッパ大陸への旅に出ます。やがてシェリーの妻であるハリエットが夫とは別の男の子供を身ごもったまま入水自殺すると、一八一六年一二月にメアリとシェリーは結婚します。

フランケンシュタインは、まさにこの頃に書かれたのです。そこに人間が生まれながらに抱えている身勝手さや、罪深さが反映されていなかったとすれば嘘《うそ》になるでしょう。私達と同じ心を持った怪物は、科学者によって勝手に作られ、勝手に捨てられたのです。

もしもメアリが今という時代に生きていたら、二一世紀の『フランケンシュタイン』はどんなストーリーになっていたでしょうか？　ｉＰＳ細胞、人工知能、ゲノム編集……次から次へと巻き起こる科学革命によって、人類はまさに神の領域に踏み込もうとしています。

一方で私達の生きる社会は、同性婚やトランス・ジェンダー、あるいはベーシック・インカムなど、倫理・価値観が劇的に変わろうとしています。これらの変化と時代の息吹を身体全体で受け止めた彼女は、一体、どんな物語を私達の眼前で繰り広げてくれたでしょうか？

それを思い描くのは、私の乏しい想像力では手に余るようですので、貴方にお任せすることにしましょう。

最後に本書の編集を担当された細川綾子氏、そして集英社新書スタッフの皆さんに感謝の気持ちを込め、締め括《くく》りにしたいと思います。

ここまでお読み頂き、有難うございました。

二〇一七年七月　　　　　　　　小林雅一

小林雅一（こばやし　まさかず）

一九六三年、群馬県生まれ。作家・ジャーナリスト、情報セキュリティ大学院大学客員准教授。東京大学理学部物理学科卒業。同大学院理学系研究科を修了後、東芝、日経ＢＰなどを経てボストン大学に留学、マスコミ論を専攻。帰国後、慶應義塾大学メディア・コミュニケーション研究所などを経て、現職。著書に『ＡＩの衝撃　人工知能は人類の敵か』（講談社現代新書）など多数。

ＡＩが人間《にんげん》を殺《ころ》す日《ひ》　車《くるま》、医療《いりょう》、兵器《へいき》に組《く》み込《こ》まれる人工知能《じんこうちのう》

二〇一七年七月一九日　第一刷発行　　集英社新書〇八九〇Ｇ

著者……小林雅一《こばやしまさかず》
発行者……茨木政彦
発行所……株式会社集英社
東京都千代田区一ツ橋二-五-一〇　郵便番号一〇一-八〇五〇
電話　〇三-三二三〇-六三九一（編集部）
〇三-三二三〇-六〇八〇（読者係）
〇三-三二三〇-六三九三（販売部）書店専用

装幀……原　研哉
印刷所……凸版印刷株式会社
製本所……加藤製本株式会社

定価はカバーに表示してあります。

ISBN 978-4-08-720890-0 C0204

a pilot of wisdom

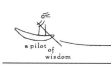